जनतन्त्र का अभिमन्यु

(कविता-संग्रह)

ज्ञान गरिमा के

68 वर्ष

भारतीय
ज्ञानपीठ

जनतन्त्र का अभिमन्यु

उमेश चौहान

भारतीय ज्ञानपीठ

लोकोदय ग्रन्थमाला : ग्रन्थांक 1144

ग्रन्थमाला सम्पादक

रवीन्द्र कालिया

सह-सम्पादक

गुलाबचन्द्र जैन

ISBN 978-93-263-5029-7

जनतन्त्र का अभिमन्यु

(कविता-संग्रह)

उमेश चौहान

पहला संस्करण : 2012

मूल्य : 180 रुपये

प्रकाशक : **भारतीय ज्ञानपीठ**

18, इन्स्टीट्यूशनल एरिया, लोदी रोड, नयी दिल्ली-110 003

मुद्रक : चार दिशाएँ, नोएडा

आवरण : अवधेश मिश्र

आवरण-सज्जा : ज्ञानपीठ कला प्रभाग

JANTANTRA KA ABHIMANYU
(Poetry)
by Umesh Chouhan

Published by
Bharatiya Jnanpith
18, Institutional Area, Lodi Road
New Delhi-110 003
e-mail : jnanpith@satyam.net.in, sales@jnanpith.net
website : www.jnanpith.net

First edition : 2012
Price : Rs. 180

आत्म-कथन

मैंने कविता, कहानी, लेख आदि सभी प्रकार की विधाओं में रचनाएँ की हैं। जहाँ तक कविताएँ लिखने की बात है, वह तो मैं बचपन से करता आ रहा हूँ। पिताजी, जो स्वयं कवि थे, मेरे प्रारम्भिक प्रेरणा-स्त्रोत थे। शुरुआत में ज्यादातर छन्द व गीत लिखता था। अवधी में भी रचनाएँ लिखीं जो गोष्ठियों व मंचों पर काफी पसन्द की जाती थीं। उन दिनों मुँहबोली बहन व कवयित्री उमा अवस्थी, रमई काका, रागेश मिश्र, विजयबीर सहाय आदि से मिला उत्साहवर्धन चिरस्मरणीय है। लखनऊ विश्वविद्यालय में पहुँचने के बाद आधुनिक विधा की कविताएँ लिखने लगा। वर्ष 1983 में जब लखनऊ छोड़ा तो इस पृष्ठभूमि से पूरी तरह से कट-सा गया। बाद में 1986 में नैनीताल पहुँचने पर कवि व कहानीकार गम्भीर सिंह पालनी से दोस्ती क्या हुई, कि मेरा साहित्य-प्रेम पुनः अपने चरम पर पहुँच गया। बाद में मसूरी अकादमी में भी अनेक साहित्यिक विभूतियों से मेरा परिचय हुआ। किन्तु वर्ष 1987 से लेकर 1998 तक, लगभग 11 वर्ष के केरल-प्रवास के समय हिन्दी में लिखना-पढ़ना एक तरह से रुक-सा गया। हालाँकि, इन दिनों मलयालम भाषा सीखने और उसके साहित्य को समझने तथा मलयालम की रचनाओं को हिन्दी में अनुवाद करने का अच्छा मौका मिला और मलयालम से हिन्दी में अनुवाद का यह सिलसिला आज तक जारी है।

वर्ष 1998 में जब लखनऊ वापस लौटा तो फिर से हिन्दी-जगत् से जुड़ाव हुआ। हमने वर्ष 1999 में लेखन-कार्य से जुड़े सरकारी कर्मियों की 'उत्तर प्रदेश राज्य कर्मचारी साहित्य संस्थान' नाम से एक साहित्यिक संस्था गठित की, जिसका मैं संस्थापक अध्यक्ष बना। इसके तत्त्वावधान में हम लखनऊ सचिवालय में नियमित रूप से साहित्यिक गोष्ठियाँ आयोजित करते रहे तथा बाद में 'अपरिहार्य' नाम से एक त्रैमासिक पत्रिका का प्रकाशन भी प्रारम्भ किया गया। इन सब कामों-में 'तद्भव' के सम्पादक अखिलेश व 'हिन्दुस्तान' समाचार-पत्र के सम्पादक मित्र नागेन्द्र एवं वरिष्ठ कवि नरेश सक्सेना जी से काफी प्रोत्साहन मिलता था। श्रीलाल

शुक्ल जी का निजी अनुग्रह भी मेरे लिए काफी प्रेरणादायक था। नवगीतकार एवं बड़े भाई शीलेन्द्र चौहान भी इन साहित्यिक गतिविधियों को आगे बढ़ाने में एक बड़ा सम्बल थे। लखनऊ में रहते हुए, मित्रों के आग्रह पर, मैंने सबसे पहले अपने पुराने गीतों को एक जगह संकलित किया तो गीत-संग्रह 'गाँठ में लूँ बाँध थोड़ी चाँदनी' तैयार हो गया, जो वर्ष 2001 में छपा।

वर्ष 2003 में मैं लखनऊ छोड़ कर दिल्ली आ गया। यहाँ नये मित्रों की प्रेरणा से आधुनिक शैली की कविताओं का दूसरा संग्रह 'दाना चुगते मुरगे' 2004 में छपा, जिसे डॉ. जयनारायण बुधवार जी ने मेरा पहला कविता-संग्रह माना। इसमें डॉ. नामवर सिंह जी द्वारा लिखे गये 'परिचय' ने मुझे काफी उत्साहित किया। इसके बाद से वे मिलने पर हमेशा यह सवाल करना नहीं भूलते कि तुम्हारा अगला कविता-संग्रह कब आ रहा है। यह सवाल मेरी काव्य-रचना की बीच-बीच में रुक जाने वाली गाड़ी को फिर से चला देता। 'हंस' के सम्पादक राजेन्द्र यादव जी बराबर मुझे कविता लिखना छोड़ने तथा कहानियाँ लिखने के लिए प्रेरित करते रहते। लेकिन मैं कभी कविता लिखना छोड़ नहीं पाया। रवीन्द्र कालिया एवं ममता कालिया जी तथा चित्रा मुद्‌गल जी की स्नेह भरी प्रशंसा के कारण भी कविता लिखने के प्रति मेरी रुचि कम न हुई। उस दिल्ली-प्रवास के समय जो भी कविताएँ लिखी गयीं, उन्हें मिला कर मेरा तीसरा कविता-संग्रह 'जिन्हें डर नहीं लगता' नाम से 2009 में छपा, जिसके भीतरी कवर-पृष्ठ पर वरिष्ठ कवि केदारनाथ सिंह जी ने प्रशंसापूर्ण टिप्पणी करके मुझे यह विश्वास दिला दिया कि मैं वास्तव में कविताएँ लिख लेता हूँ। इसी साल मलयालम के सुप्रसिद्ध कवि अक्कित्तम की कविताओं के मेरे हिन्दी-अनुवाद का एक संकलन भी भारतीय ज्ञानपीठ ने छापा।

जवानी के दिनों की रूमानी कविताओं व गीतों की बात छोड़ दी जाय तो मेरी अधिकांश रचनाएँ प्रतिक्रिवादी हैं। आस-पास घटित होती बातों से सभी का मन प्रभावित होता है। जब इस प्रभाव का अतिरेक होता है तो मेरे मन में उन बातों के प्रति तीखी प्रतिक्रिया होती है। इस प्रतिक्रिया को अभिव्यक्त करने के प्रयास के स्वरूप ही मेरी अधिकांश कविताओं का जन्म हुआ है। यह प्रतिक्रिएँ वैयक्तिक, सामाजिक, राजनीतिक आदि विभिन्न प्रकार की बातों से जुड़ी हैं। इनमें कहीं जन्मदाता गाँव का परिवेश केन्द्र में है, कहीं वर्तमान जीवन से जुड़ा शहरी वातावरण। मुझे जहाँ-जहाँ निजी जीवन में अथवा सरकारी काम-काज के सिलसिले में यात्राएँ करने का मौका मिला, वहाँ-वहाँ से सम्बन्धित विषयवस्तुओं का समावेश मेरी कविताओं में भी समय-समय पर होता रहा। मैं चाहते हुए भी ज्यादा नहीं लिख

पाता। ज्यादा पढ़ने का भी समय नहीं मिलता। यात्राओं के समय ही कुछ ज्यादा लिखना-पढ़ना हो पाता है। पिछले साल एक ब्लॉग लिखना प्रारम्भ किया : 'बित्ता भर धूप' नाम से यह ब्लॉग-लेखन जारी है। आजकल जो भी लिखता हूँ, इसी ब्लॉग पर प्रकाशित कर देता हूँ। जब कभी कोई मित्र अपनी पत्रिका या समाचार-पत्र के लिए मेरी कविताएँ माँगता है, तभी प्रकाशन के लिए भेजता हूँ, अन्यथा नहीं।

आजकल साहित्य-प्रकाशन एक बड़ा गोरख-धन्धा बन गया है। सभी पत्र-पत्रिकाओं के अपने-अपने नियमित कवि व लेखक हैं। सम्पादकगण बँधे तौर पर उन्हीं की रचनाएँ लेते और छापते हैं, चाहे वे जैसी हों। इससे उन्हें सामग्री इकट्ठा करने में तो आसानी होती है, लेकिन इससे वे अपने घेरे से बाहर के किसी कवि या लेखक की कोई रचना यदा-कदा ही छाप पाते हैं। पुस्तक-प्रकाशक तो आजकल मात्र लाइब्रेरी संस्करण ही छापते हैं। शहर-दर-शहर अथवा ग्रामीण कस्बों में तयशुदा पुस्तक-विक्रेताओं के माध्यम से सस्ती लागत पर ज्यादा से ज्यादा संख्या में पुस्तकों को वितरित कर उन्हें पाठकों के एक बड़े वर्ग तक पहुँचाना उनका लक्ष्य ही नहीं है। प्रकाशकों की इस प्रवृत्ति ने साहित्य की लोकप्रियता को बड़ी क्षति पहुँचाई है। ग्रामीण क्षेत्रों में पुस्तकालयों का न होना तथा सरकारी अभियानों के तहत चलाए गये सचल पुस्तकालयों का ठप हो जाना भी हिन्दी की साहित्यिक कृतियों के पाठकों तक न पहुँच पाने का एक बड़ा कारण है। आलोचकों की खेमेबाजी के चलते भी कई बार अच्छी कृतियों या रचनाओं की यथेष्ट चर्चा नहीं होती और वे साहित्य के अज्ञात-जगत् का हिस्सा बन कर पड़ी रह जाती हैं।

एक सरकारी कर्मचारी होने के कारण, अभिव्यक्ति के मामले में बराबर आचरण नियमावली से बँधे रहना पड़ता है। फिर भी मैं अपने तरीके से व्यवस्था की हर बुराई की तीखी आलोचना करने से कभी नहीं चूकता। हाँ, कोई राजनीतिक पक्ष कभी नहीं लेता। किसी वाद से जुड़ कर नहीं चलता। जो मनुष्य-संगत है उसी के प्रति मेरा लगाव रहता है। जो कुछ अमानवीय है, उसे जड़ से उखाड़ फेंकने का ही मन करता है। जब भी किसी बात के प्रति मन उद्वेलित होता है, तो सरकारी कर्मचारी होने के नाते सड़क पर निकल कर जिन्दाबाद-मुर्दाबाद तो नहीं कर सकता, बस अपने मन के उद्वेग को शान्त करने के लिए अपनी प्रतिक्रिया को शब्दों में अभिव्यक्त कर देता हूँ, जो यदा-कदा मित्रों के माध्यम से छप कर लोगों के सामने भी आ जाती हैं। साहित्य के प्रति बस यही मेरा योगदान है।

—उमेश चौहान

अनुक्रम

जनतन्त्र का अभिमन्यु

आज इस नये दौर के महाभारत में
जनतन्त्र का अभिमन्यु बचेगा क्या ?

बुरी तरह घिरा है वह
साम्प्रदायिकता के चक्रव्यूह में
धर्म और जातियों की ताक़त समेटे
बड़े-बड़े महारथी
तत्पर हैं अभिमन्यु का वध करने को,
कृष्ण तो युद्ध शुरू होते ही राष्ट्रपिता का दर्ज़ा दे कर
समाधिष्ठ कर दिए गये राजघाट पर
भरोसा जिस अर्जुन पर था पूरे देश को
वे भी अब सोए हुए हैं शान्तिघाट पर
जयद्रथ को यह भी भय नहीं कि
कोई प्रतिकार भी लेगा उससे इस वध का,
वीर अभिमन्यु निस्सहाय
मरने को सन्नद्ध है
इस कठिन महाभारत के चक्रव्यूह में।

जन्म से पहले
दिया था जो ज्ञान पिता ने
सुना-सुना कर माता को नित्य-प्रति
वह अधूरा ही रह गया शायद किसी कारणवश,
विजन के रोदन-सा ही गूँजा वह चारों ओर,
सहस्राब्दियों की अनैतिकता को मिटाने की जिज्ञासा में

रचे गये नये-नये मूल्य, नया संविधान,
किन्तु इसी पर चलते हुए ही आज
लड़खड़ाने लगी हैं देश में जनतन्त्र की मान्यताएँ,
इसी लड़खड़ाहट से जनमा है
आज का यह महाभारत,
जिसमें उद्यत है प्राण देने को अभिमन्यु
गणतन्त्र के जन-गण का मन टटोलते हुए
गर्भ में पिता से सीखी हुई
आधी-अधूरी युद्ध-विद्या के ही सहारे।

इस युद्ध में अभिमन्यु की मृत्यु तो तय है ही
पांडवों की हार भी निश्चित है
क्योंकि इसमें जीत के लिए
केवल संख्या-बल ही निर्णायक है।

यहाँ देख कर भी अनदेखा कर दिया जाएगा
दुश्शासन का चीर-हरण जैसा कुकृत्य,
यहाँ सुन कर भी अनसुना कर दिया जाएगा
गीता का मर्मोपदेश,
यहाँ एक नहीं
हजारों शिखंडियों की भीड़ इकट्ठी जुटेगी नित्य
पितामहों का वध करने,
यहाँ नित्य बोलेंगे झूठ युधिष्ठिर
गुरुओं को मृत्यु के मुँह की ओर धकेलने के लिए,
यहाँ पक्ष-विपक्ष दोनों तरफ से ही
कोई विचार नहीं होगा धर्म-अधर्म का
न ही किसी भी रथी-महारथी के मन में
किसी एक पक्ष के प्रति कोई आस्था या लगाव होगा
यहाँ पूरी मौकापरस्ती के साथ युद्ध होगा दोनों तरफ से
और खुलेआम बेचेंगे रथी-महारथी सब
अपना-अपना संख्या-बल तरह-तरह के लालच में।

इस तरह के कपट-युद्ध में
मारा ही जाएगा जनतन्त्र का अभिमन्यु भरी दोपहरी,
चलो हम सब मिल-जुल कर सोचें कि
कैसे बचाई जाय अब इस जनतन्त्र की साख
आज इस रणभूमि में सूर्यास्त होने के पहले ही।

सूर्यघड़ी

बड़े जोश में आते हैं
तरह-तरह के लोग
देश के कोने-कोने से
भाँति-भाँति के बैनर व तख्तियाँ थामे,
विस्थापित कश्मीरी पंडित
अधिकारों से वंचित आदिवासी
घर से उजड़े नर्मदा घाटी के निवासी
भूखे-प्यासे मजदूर-किसान
जंतर-मंतर के इस मोड़ पर
अपनी-अपनी माँगें पूरी कराने के लिए धरना-प्रदर्शन करने।

लेकिन यहाँ से गूँजते नारों की आवाज़
नहीं पहुँचती प्राय:
पास में ही स्थित संसद-भवन के गलियारों तक
या फिर शायद सुन कर भी अनसुनी कर देने की ही ठाने रहते हैं
इन आवाजों को
भारत के भाग्य-विधाता,
ये बेचारे जन-गण
अपने मन को मसोस कर रह जाते हैं
'जय हे!' की ड्रम-बीट पर तने खड़े जवानों से डर कर
इस आशा में अपने आक्रोश को ज़ब्त करते हुए कि
उनके अधिनायकों का बहरापन
कभी तो ख़त्म होगा ही।

जन्तर-मन्तर की सूर्यघड़ी
नित्य साक्षी बनती है
समय के उन पड़ावों की
जहाँ पर तख़्तियों और बैनरों पर लटकी होती हैं
उस समय के तमाम सताए हुए लोगों की उम्मीदें और विश्वास,
लेकिन भारत के भाग्य-विधाताओं की तरह ही
यह सूर्यघड़ी भी
दिन के किसी भी पहर नहीं थमती
समय के किसी भी ऐसे पड़ाव पर सहानुभूति से भर कर,
भले ही शहर में
कितनी भी दहला देने वाली कोई दुर्घटना घटित हो
जिसमें सहम कर थम जाएँ
बाकी की सभी कलाई अथवा दीवार की घड़ियाँ।

अगर देश के कोने-कोने से आने वाले लोगों को
दुनिया का ध्यान अपनी ओर आकर्षित करने के लिए
थाम लेना है जन्तर-मन्तर की सूर्यघड़ी को
समय के किसी भी महत्त्वपूर्ण पड़ाव पर
तो
या तो उन्हें अपनी मुट्ठियों में जकड़ लेना होगा लपक कर सूर्य के रथ को
या फिर इन्तज़ार करना होगा सूरज के डूब जाने का
क्योंकि अँधेरे में जरूर थम जाती है यह सूर्यघड़ी
और फिर चालू होती है नये सिरे से
पुनः सूर्योदय होने पर
एक नये दिन की शुरुआत होने के साथ ही।

उजाले की तलाश

दौड़े जा रहे हैं वे
अँधेरे में डूबी गुफा के भीतर
उस मुहाने की तलाश में
जहाँ मिलने की उम्मीद है उन्हें
सुनहरी रश्मियों का एक प्रकाश-पुंज
सबके हिस्से में आनी है जिसकी बराबर-बराबर रोशनी
जिससे ज्योतिष्मान करना चाहते हैं वे
अपने-अपने भविष्य को
अन्धकार भरे वर्तमान से पीछा छुड़ा कर,
किन्तु पसीने से लथपथ उनके शरीर
शिथिल पड़ते जा रहे हैं और
उजाले से भरे मुहाने का
अभी तक तो कुछ अता-पता भी नहीं।

चारों तरफ फैले हुए कथित उजाले में
उन्हें घेर रही काली परछाइयों की अगुवाई करने वाले
आततायी सिंहों का सीना चीर
उनका रक्त पी जाने के उद्देश्य से ही
घुसे थे वे इस काली गुफा में,
किन्तु कहीं छिपकर बच निकले हैं वे सिंह
बाहर उजाले के जंगल में
फिर से अपना आतंक फैलाने के लिए, और
घुप्प अँधेरे में फँसे वे दौड़े जा रहे हैं दिग्भ्रमित
अपनी उम्मीदों के उजाले तक पहुँचने का रास्ता तलाशते

पकड़े हुए हाथ एक दूसरे का मजबूती से
रास्ते में भटक जाने से बचने के लिए।

अँधेरे में भागते-हाँफते हुए
जारी हैं उनकी संघर्ष की चेष्टाएँ
पर सिंह तो बाहर के उजाले में निर्द्वन्द्व घूम रहे हैं!
उस उजाले में एकजुट हो
सिंहों से भिड़ने का साहस नहीं है शायद उनमें,
अब अँधेरे में भटकते हुए ही
क्रान्ति का परचम लहराने की
आदत-सी पड़ चुकी है उन्हें।

वे नहीं जानते कि अँधेरे में
न तो लाल रंग से जागता है कोई उन्माद
न ही सफेद रंग से उपजती है
हथियार डाल देने और समर्पण करने जैसी कोई भी आकांक्षा,
अँधेरे में तो बस दिखता है सभी कुछ काला-काला
केवल भयभीत करता और मिथ्या शक्ति का भ्रम जगाता,
वे अँधेरे में हुंकारते हुए भूल चुके हैं अब
शत्रु और मित्र का विभेद भी,
उजाले में घूमते आतंकियों ने
घोषित कर दिया है उन्हें
अँधेरों के आतंकी,
प्रजातन्त्र के इस दौर में वे
एक समानान्तर कहानी बनते जा रहे हैं,
अँधेरों में गुमनाम होते जा रहे लोगों की कहानी।

महानाश के कगार पर

पृथ्वी के इस छोर पर कदम रख कर
अभी तो बस तीन ही बसन्त देखे थे मैंने,
कसमसा रहे थे निरन्तर मन में
अभी कितने ही अभिनव बसन्त
इस छोर से भी आगे की धरती के,
भरने को कितने ही रंग नये
मेरे भविष्य के सपनों में।

किन्तु अचानक! आह!
प्रकृति का यह कैसा प्रकोप!
लुट गये वह स्वप्न सारे एक ही झटके में,
कितनी भयानक, कितनी उजाड़,
कितनी वीरान हो गयी
मेरे आस-पास की दुनिया
बस चन्द ही मिनटों में!
मैं तीन बरस का लुटा-पिटा
अनाथ बालक,
खो चुका हूँ अभी-अभी आई सुनामी में
अपने भरे-पूरे बचपन की सारी निशानियाँ।

जहाँ रोज ठुमक-ठुमक कर चलता रहा मैं
उसी घर की दीवारें नींव सहित हिलती देखी मैंने,
जहाँ रोज उछल-उछल कर खूब खेला मैं
उसी मैदान की भूमि को फट कर

पृथ्वी में धँसते हुए देखा मैंने,
जिस छत की छाँव में आज तक
सुरक्षित महसूस करता रहा मैं
उसी को भरभरा कर टूटते-बिखरते देखा मैंने,
जिन माँ-बाप की अँगुलियों को थाम कर
अपने शहर के मनोरम रास्ते नापे थे आज तक
उन्हीं को भूकम्प की विनाश-लीला में
निश्चेत हो विलुप्त हो जाते देखा मैंने,
समुद्र की जिन लहरों पर पिता की कमर थामे
साहस की पहली पींगें भरी थी मैंने
उन्हीं स्नेह-तरंगों के ज्वार को उफना कर
सृष्टि का तिल-तिल समेट कर बहा ले जाते देखा मैंने।

तीव्र प्रवाह की नोक पर टाँग कर
बहा ले गयीं मुझे भी ऊँची लहरें
बाकी सभी कुछ तहस-नहस कर निगलती हुई,
अति करुण चीत्कार मेरी दबी उनकी गर्जना में
ला मुझे असहाय पटका वेग से
नगर के इस एक ऊँचे टीकरे पर।

देख कर विश्वास कुछ होता नहीं है
विकल अपने बाल मन में सोचता हूँ
क्यों हुई यह प्रलय-लीला?
रोज दुलराती प्रकृति निष्ठुर बनी क्यों?
रोज भर कर गोद में लोरी सुनाती,
आज माँ की गोद वह जम कर हिली क्यों?
क्या किसी के पाप का प्रतिशोध है यह?
या किसी के शाप से उपजा हुआ अति-क्रोध है यह?
क्या मुझे जनमा नियति ने था इसी गति के लिए ही?
क्या इसी दिन के लिए ही प्रसव-पीड़ा सही माँ ने?
क्या जिसे लीला जलधि ने,

क्या जिन्हें छीना प्रलय ने,
वे उसी गन्तव्य के हक़दार थे?
दूसरा मन्तव्य कोई था नहीं क्या?
क्या सभी हन्तव्य थे वे?
एक मैं ही रक्ष्य था क्या?
निष्कलुष लघु बाल शायद मान कर के
दयावश छोड़ा मुझे हो!
या कि फिर सन्देशवाहक मान
भावी विश्व का अवबोध करने!

प्रश्नाकुल हूँ कि क्या मैं
इस परम सुविधा-भोगी विश्व के
आधुनिक देवालयों के उच्छिष्ट-सा फेंका गया
प्रगति के परिणामों का एक प्रतीक हूँ?
या कि फिर प्रलय-जल में से मथ कर हवा में उभरा
उस कार्बन डाइऑक्साइड का सत्वर फूट जाने वाला एक बुलबुला हूँ,
जिसे बढ़ाते जा रहे हैं हम वायुमंडल में हर दम
जीवाश्म-ईंधनों को जला-जला कर
और इसके बावजूद हम
विश्व के नाश की इस दुरभिसन्धि में
शामिल न होने का रचते हैं स्वाँग
बढ़ते वैश्विक तापीकरण व जलवायु-परिवर्तन के प्रति
अपनी चिन्ताएँ जता-जता कर?

कोई नहीं लेता है जिम्मेदारी
आने वाली विपत्तियों की,
विकसित देश कोसते हैं
चीन व भारत की विशाल आबादी को
लेकिन भूल जाते हैं वे प्राय: कि
चाहे प्रति व्यक्ति ऊर्जा की खपत हो
या कार्बन डाइऑक्साइड का उत्सर्जन,

अमेरिका जैसे देश सदा ही रहे हैं
विश्व के औसत से कई गुना आगे,
भारत जैसे देश तो हमेशा
बेकार में ही बदनाम किए जाते हैं बेचारे।

बाल मन अवश्य है मेरा
किन्तु इस इलेक्ट्रॉनिक युग में
तकनीकी प्रगति वाले एक देश में जनमा हुआ बच्चा हूँ मैं,
खुलने लगी हैं अब धीरे-धीरे मेरे सामने
दुनिया के सारे मानव-समूहों की पोल-पट्टी,
समझने लगा हूँ मैं शनैः शनैः
विश्व पर आसन्न सारे भयानक ख़तरों के बारे में।

क्या होगा अब मेरे इस नगर का भविष्य
जो तहस-नहस हो गया है पूरी तरह
जेट की गति से आई सुनामी की समुद्री लहरों में?
क्या होगा अब पृथ्वी के इस छोर का भविष्य
जो खिसक गया है अपनी जगह से
अत्यधिक तीव्रता वाले इस भयानक भूकम्प में?
क्या होगा अब इस धरती का भविष्य
जो झेल रही है भूकम्प में क्षतिग्रस्त
न्यूक्लियर रिएक्टर के रिसाव से उत्पन्न
विकिरण की भयावहता?
बरबस याद आ जाती है
हिरोशिमा-नागासाकी और चेर्नोबिल की,
सारे विश्व की सलामी व दुआओं के पात्र लगते हैं मुझे
इस 'ग्रैंड रेडिएशन बाथ' में शामिल
वे ज़ाँबाज तकनीकी विशेषज्ञ
जो हफ़्तों से जुटे हैं नियन्त्रित करने में
इस आणविक ऊर्जा-संयन्त्र से फैलने वाले रेडिएशन को
अपनी जान की जरा भी परवाह न करते हुए,

समस्त जीव–जगत् का भविष्य बचाने के प्रयास में।

क्या अपनी प्राणाहुति दे कर भी
ये ज़ाँबाज विशेषज्ञ
धो पाएँगे उस डान्घेटा माफिया के पाप,
जिसके हवाले करते रहे हैं अपना आणविक कूड़ा
बेशर्मी से मुँह छिपा कर
दुनिया के तमाम विकसित देश
उसे सोमालिया की बंजर भूमि के गर्भ में दफ़नाने के लिए
अथवा हिन्द महासागर के गर्भ में
जहाज सहित जल–मग्न कर देने के लिए?
इन घृणित कर्मों में संलग्न मानव–जाति का क्या भविष्य होगा?
इस विकिरण से विषाक्त धरती माँ की कोख से
अब कौन–सा परिवर्धित मनुष्य जन्म लेगा?
इस विकिरण से गरमाए उदधि के मन्थन से अब कौन से रत्न निकलेंगे?
इस विश्व–व्यापी गरल से हमें बचाने अब कहाँ से आएँगे शिव?

देख रहा हूँ चारों तरफ मैं
सुनामी की लहरों में तहस–नहस हो गये
वाहनों, जलयानों, हवाई जहाजों आदि के मलबे के ढेरों को,
देख रहा हूँ मैं नदियों, तालाबों, झीलों की सतह पर तैरते
उनके छोटे–छोटे पुरजों, घरेलू सामानों आदि के कचरे को,
देख रहा हूँ मैं जल में आप्लावित धरती के सीने से लेकर
अपने पैर पीछे समेट चुके समुद्री जल की सतह तक पर
विध्वंश में बह कर बिखरे तेल की चमकती परत को,
सोच रहा हूँ कि कैसा होगा अब
इस जल पर निर्भर वनस्पतियों व जीव–जन्तुओं का भविष्य?

याद आ रही है मुझे
बीस बरस पहले छिड़े खाड़ी–युद्ध की विभीषिका में
कुवैत के तेल के कुँओं से हुए रिसाव की,

जिसमें करोड़ों बैरल तेल बहा था फारस की खाड़ी में
समुद्री वनस्पतियों, जीव-जन्तुओं व पक्षियों के जीवन का विनाश करता।

याद आ रही है मुझे
आजकल मैक्सिको की खाड़ी में
एक क्षतिग्रस्त कुएँ से हो रहे तेल के उस भयानक रिसाव की
जिसके कारण नित्य घुल रहा है
हजारों बैरल तेल समुद्री जल में,
बरबाद कर चुका है यह तेल
अमेरिका में लूसियाना की नाजुक हरी-भरी धरती को और
आसन्न बना है फ्लोरिडा के समुद्री बीचों के लिए एक बड़ा ख़तरा।

खुला तेल जब पकड़ लेता है आग
उगलता है सल्फर और नाइट्रोजन का एक विशाल गुब्बार वायुमंडल में
हवा की ऑक्सीजन इस धुएँ से मिल कर बनाती है
टनों सल्फर डाइ ऑक्साइड और नाइट्रस ऑक्साइड आकाश में
और फिर धरती पर होती है एक जहरीली अम्ल-वर्षा
जिसमें तड़प-तड़प कर मरते हैं पेड़-पौधे और जल-जीव
इसी धुएँ की बेंजीन से लोगों में तेजी से पनपता है
त्वचा का कैंसर।

एक बड़ा अभिशाप-सा ही लगता है
सुख-सुविधाओं के भोग के लिए
इतने सारे प्राकृतिक संसाधनों का अनाप-शनाप उपयोग करना,
खास कर तब, जब कि मालूम है हमें कि आज की ही स्थिति में
बस अधिकतम पचास बरस तक ही चलेगा
धरती के गर्भ में छिपा जीवाश्म-तेलों का भंडार,
लगभग डेढ़ सौ वर्षों तक ही टिकेगा
धरती के पेट में जमा कोयले का ख़जाना, और
लगभग इतने ही समय तक उपलब्ध हो सकेंगी हमें
धरती के फेफड़ों में समाई हुई प्राकृतिक गैसें,

परमाणु ऊर्जा के लिए जरूरी खनिज अयस्क
शीघ्र ही ख़त्म हो जाएँगे धरती से,
ऐसे में क्या करेगा मनुष्य
अपनी जिन्दगी की सुख-सुविधा को बरकरार रखने के लिए?

यह कैसी गुणवत्ता है मनुष्य-जीवन की
जिसमें समस्त जीव-जगत का संहार छिपा है और
जिसके टिकाऊ होने के बारे में भी
सामने खड़े हैं इतने सारे प्रश्न-चिह्न!
कहीं इसीलिए तो नहीं
धरती को छोड़ कर चन्द्रमा के संसाधनों पर भी
डाका डालने की तैयारी में लगे हैं आज
गुणवत्ता भरी जिन्दगी जीने की चाह रखने वाले देशों के
कुछ होशियार अमीर?
बेचारे चन्द्रमा के मुँह पर अब और कितने दाग लगाएँगे हम लोग?

अकेला पड़ा यहाँ असहाय
तड़प रहा हूँ मैं प्रकृति के इस निर्मम प्रहार की पीड़ा से,
याद आ रही है मुझे
उन ट्यूना मछलियों की पीड़ा
जो नेस्तनाबूद हो गयी हैं छटपटा कर भूमध्य सागर से,

याद आ रही है मुझे
अंटार्कटिक के उन पेंग्विन पक्षियों की वेदना
जिनका वंश-नाश आसन्न है
जलवायु-परिवर्तनों के कारण;

याद आ रही है मुझे
उन व्याकुल गौरैयों की व्यथा
जो विषाक्त वातावरण के कारण गायब होती जा रही हैं
भारत के गाँवों के घर-आँगन व खेत-खलिहानों से,

याद आ रही है मुझे
पवित्र मानी जाने वाली गंगा नदी में
गन्दगी के आगार के बीच तड़पते जल-जीवों की,
जिसमें उड़ेल देते हैं हम
अपने देश का अधिकांश शहरी कूड़ा और
प्रतिदिन विसर्जित कर देते हैं करोड़ों गैलन कचरा
दरकिनार कर अपनी सारी आस्था व आध्यात्मिक चेतना,

याद आ रही है मुझे
चीन की उस विशाल पीली नदी में पड़ी मरणासन्न मछलियों की भी,
जिसके एक तिहाई हिस्से का जल
घोषित किया जा चुका है
पीने के लिए ही नहीं,
औद्योगिक उपयोग के लिए भी अनुपयुक्त,

याद आ रही है मुझे
प्रति वर्ष करोड़ों पौंड कीटनाशक इस्तेमाल करने वाले अमेरिका की
उन चालीस फीसदी झीलों के विषैलेपन के शिकार जल-जीवों की,
जहाँ मनाही है लोगों को तैरने, मछली पकड़ने व मत्स्य-पालन करने की।

स्मृति में और भी न जाने कितनी ही ऐसी
मानव-जनित वेदनाओं की अनुभूति
निरन्तर बुन रही है दुश्चिन्ताओं का जाल,
मैं इन्हीं दुश्चिन्ताओं के जाल में जकड़ा
उठ कर खड़ा भी नहीं हो पा रहा हूँ
सत्य की आँखों में आँखें डाल।

ज्यों-ज्यों घुलती जा रही है
फुकुशिमा परमाणु ऊर्जा-संयन्त्र के रिसाव से फैली आयोडीन व सीजियम
अटलांटिक महासागर के जल-विस्तार में

समुद्री जीव-जगत के लिए भयानक ख़तरे का निमित्त बनती,

ज्यों-ज्यों समाहित होती जा रही है पृथ्वी के जल में
मानव-सृजित अतिरिक्त कार्बन डाइऑक्साइड
सामुद्रिक अम्लीकरण की गति को और तेज करती तथा
उसके खारेपन पर आश्रित जीवों के विनाश का भविष्य रचती,

ज्यों-ज्यों तेज होती जा रही है
आल्प्स व हिमालय के हिमशिखरों के पिघलने की गति और
विस्तृत होते जा रहे हैं उनके हिमनद
मैदानी बाढ़ों और समुद्री जल-स्तर में वृद्धि के जरिए
भयानक विनाश-लीला मचाने का संकेत देते हुए,

ज्यों-ज्यों हैलोकार्बन गैसों के बढ़ते दुष्प्रभाव के चलते
घट रही है वायु-मंडल में ओज़ोन की मात्रा और
बड़ा होता जा रहा है अंटार्कटिक क्षेत्र का ओज़ोन-छिद्र
हमें सूर्य की अल्ट्रावायलेट किरणों का शिकार बनने के लिए मजबूर करता,

ज्यों-ज्यों भरते जा रहे हैं हम
धरती के श्वास-कोषों में
नित्य करोड़ों टन औद्योगिक कूड़ा व अविनाशी प्लास्टिक-कचरा
भूमि की उर्वरा-शक्ति का लगातार क्षरण करते और
उसकी जीवनी-शक्ति का दिन-प्रतिदिन हरण करते हुए,

ज्यों-ज्यों फैलाते जा रहे हैं हम पृथ्वी पर ई-कचरा
जिससे बढ़ते जा रहे हैं समस्त जीव-जगत के लिए
सीसा, कैडमियम व पारे जैसे द्रव्यों के दुष्प्रभाव
खास कर भारत, चीन व अफ्रीकी देशों में
जहाँ विकसित देश निर्यातित कर देते हैं इसे सस्ते में
दरकिनार कर सारी अन्तरराष्ट्रीय धारणाएँ व मार्ग-निर्देश,

त्यों-त्यों आत्म-ग्लानि भरी निराशा से ग्रस्त होता जा रहा हूँ मैं,
आत्म-ग्लानि :
मानवों के उन समस्त दुष्कृत्यों से जनित
जिनके कारण आ खड़ी हुई है पृथ्वी
एक महानाश के कगार पर,
निराशा :
मनुष्यों की सुविधा-भोग की लालसा,
आपाधापी और स्वार्थपूर्ण चालाकी की प्रवृत्ति से जनित
जिसने अवरुद्ध कर रखा है
पृथ्वी को इस महानाश से बचाने के उपायों तक पहुँचने का रास्ता।

मैं चोर नहीं

आम की सूखी लकड़ियों पर
अभी-अभी रखी थी परिजनों ने कन्धों से उतार कर
माँ की अन्तिम स्नान से भीगी देह,
वर्षों के संचित स्नेहाश्रुओं से भिगोया आँचल
हमेशा ममता बरसाता रहा चेहरा
निरन्तर मार्ग दर्शाती रही आँखें
वात्सल्य का सतत ठिकाना रही गोद
प्रसव की पीड़ा सही कोख
कर्म को सदा परिभाषित करते रहे हाथ-पाँव,
सब कुछ जलाकर खत्म कर देने के लिए ही
जुटाई गयी थीं आम की ये लकड़ियाँ
इन लकड़ियों के जलने के साथ ही
अग्नि में विलीन हो जाना था
माँ से जुड़ा सारा-का-सारा स्मृति संसार।

माँ की देह से भी ज्यादा
ताक रहा था मैं चिता की लकड़ियों को
क्योंकि उनके ऊपर ही टिका हुआ था अब
माँ की देह का इस संसार में होना, न होना
दु:ख मेरे भीतर सघन हो जम चुका था
शीत में हिमालयी झील की सतह के जल-सा
पिघलकर तिरोभूत होने के लिए प्रतीक्षा करता
लकड़ियों के धू-धू कर जलने की।

सहज ही ध्यान गया था मेरा
उन दो काँपते-मटमैले
अधेड़ उम्र की औरत के हाथों पर
जिन्होंने चिता की परिक्रमा कर रहे
परिजनों के पैरों के बीच में से
खिसका ली थीं किनारे की कुछ लकड़ियाँ
बिना किसी का ध्यान अपनी ओर आकर्षित किए,
लगभग छुपाती हुई सी
अपनी अधफटी धोती के आँचल में
ले गयी थी उन्हें वह सबकी नज़रें बचाती
श्मशान के एक कोने में ही छिपा कर रखने,
और फिर लौट आई थी वह
धूमकेतु-सी मँडराती हुई
माँ की चिता के पास।

मेरा दु:ख सहसा तप्त तरल बन
क्रोधाग्नि में खौलने लगा था:
जरूर इसी तरह दिन भर चुराती होगी वह
चिताओं से थोड़ी-थोड़ी लकड़ियाँ
बेच देती होगी उन्हें वह हर शाम
बाहर लकड़ी के स्टॉल पर
जैसे बेच देते हैं कुछ पुजारी
मन्दिरों का चढ़ावा बाहर के दूकानदारों को
वापस थमा दिए जाने के लिए भक्तों को
या बेच देते हैं बाज़ार की फार्मेसियों को
कुछ अस्पतालों के डॉक्टर
मरीजों के नाम पर तीमारदारों से जमा कराई गयी
बची हुई दवाएँ व सर्जरी के उपकरण,
मन किया, कह दूँ उस कुलटा से :
'तू चिता की चुराई हुई लकड़ियों के सहारे पेट पालने से डर,
नहीं तो सत्यानाश हो जाएगा कुल का तेरे!'

अपलक घूरते देख मुझे
सकपका गयी थी वह अचानक
भाँप लिया था क्रोध मेरा उसने
लपक कर जकड़ लिये थे पैर मेरे
डबडबाई आँखें ऊपर उठा कर
मौन विनती सी की उसने,
'क्षमा कर दो मुझ अभागन को साहब!'
झिझक कर रुक गया था मैं सहसा
कहने से उसे कुछ भी भला-बुरा।

अचानक उठ कर उसने
हिम्मत से पकड़ लिया एक हाथ मेरा
खींचने लगी उस तरफ मुझको
जिधर छिपा आयी थी वह
चिता से चुराई हुई वे लकड़ियाँ,
मैं खिंचता चला गया बरबस, उत्सुक,
जानने को रहस्य जैसे उसकी व्यग्रता का,
श्मशान के उस कोने में
जमा कर रखी थीं उसने और भी कुछ लकड़ियाँ
पास ही रखी थी
उसकी पुरानी धोती में लिपटी
एक छोटी-सी गठरी:
'मैं चोर नहीं हूँ साहब!
इसका प्रमाण यह गठरी है!'
कहकर, जाते ही लिपट गयी वह उससे
फूट-फूटकर रोना उसका विचलित करने लगा था मुझे।

'साहब! यह मेरी दो साल की छौनी है,
कलेजे का टुकड़ा है,
कल रात दिमागी बुखार निगल गया इसको

कहीं दूर ले जाकर इलाज़ कराने का ठिकाना न था
यहाँ के सरकारी अस्पताल में
रोज मरते हैं तमाम बच्चे-बूढ़े
इस बुखार का काल-ग्रास बन कर
छीन लिया था इसी ने मेरा पति भी वर्षों पहले
तीन बरस पहले बेटे को भी
बीती बरखा बहा ले गयी
गाँव से मेरी झोपड़ी भी
ऊपर से अब यह बज्रपात
नहीं बचा अब कुछ भी मेरे पास
जिससे खरीद सकूँ मैं
इस गठरी में बँधी अपनी बेटी की
अन्त्येष्टि के लिए आवश्यक आम की लकड़ियाँ,
इसकी आत्मा की मुक्ति का साधन बन सकती हैं बस
चोरी की ये लकड़ियाँ ही,
आप इन्हें बेशक ले जाओ
किन्तु चोरी की सजा देते हुए
गला भी घोंट दो अब मेरा
ताकि न मिले मुझसे यह शिकायत करने का मौका
इस बेटी की आत्मा को आज कि
माँ ने उसकी अन्त्येष्टि भी नहीं की।'

मैं अवाक देखता रह गया उसे
माँ के अन्तस् की पीड़ा का जो उभार
उपजा था मेरे भीतर
वह गाँव के बाहर पसरे
सदियों पुरानी बस्ती के उजाड़ टीले की तरह,
सिमट चुका था समूचा कहीं
उसके दुःख के पहाड़ के भीतर सत्वर,
धधक उठी थी माँ की चिता उधर

लकड़ियों की आग में चिड़-चिड़ कर
जलने लगी थी देह उनकी,
देख रहा था मैं इधर
विपन्नता की आग में जलते हुए
एक जीती-जागती माँ के तन को, मन को
बेटी की अन्त्येष्टि न कर पाने की पीड़ा हृदय में समेटे
लकड़ियों की चोरी की अभियुक्त बनी,
उसका वेदना से नहाया चेहरा देख
याद आ रहा था मुझे
काशी के घाट पर अभिशप्त चाकरी करते
राजा हरिश्चन्द्र का असहाय चेहरा।

अनायास ही मैंने
बाहर के स्टॉल से यथेष्ट लकड़ियाँ ला
लगवा दिया एक और ढेर,
अब माँ की चिता के बगल में ही जलने जा रही थी
उसकी दो साल की बच्ची की चिता भी
परिक्रमा कर रही थी वह औरत अब सन्तुष्टि के साथ
अपनी लाडली की नहला कर लिटाई गयी देह की
आँसुओं से आचमन करती उसका
कनखियों से देती धन्यवाद हमें,
उसके चेहरे पर फैली तुष्टि में
नज़र आ रही थी मुझे अब
अपनी माँ की तुष्ट आत्मा की झलक।

समय आ गया है

समय आ गया है कि अब
जीवन के सारे अर्ध-विरामों को
बदल डाला जाय पूर्ण विरामों में
क्योंकि पूर्ण विराम ही होते हैं
मंजिलों तक पहुँचने के परिचायक।

समय आ गया है कि अब
मारी जाय एक जोरदार फूँक
वहाँ-वहाँ
जहाँ-जहाँ से उठ रहा है सुलगकर काला धुआँ
ताकि धू-धू कर जल उठें
सच्चाई की अग्नि-ज्वाला में
सारे के सारे संदिग्धता व अविश्वास के केन्द्र।

समय आ गया है कि अब
मोड़ लिया जाय मुँह हर उस गली से
जहाँ बस निर्ममता से ही सामना होता है हमारा
चाहे उन गलियों में बसते हों
अपने कितने ही करीबी और नामचीन लोग।

समय आ गया है कि अब
छोड़ दिया जाय उन सारी बिन पतवार की नावों को
नदी की तीव्र मँझधार में

बह जाने के लिए अनियन्त्रित ही
दृष्टि-पथ से दूर कहीं
ताकि अब तैर कर पार जा सकूँ
नदी के उस पार के लक्ष्य तक
अपनी बाजुओं की ताक़त से धारा को काट।

अर्थशून्य

लटकी हुई हैं उम्मीदें
झूठे आश्वासनों की
सड़ियल-सी अरगनी पर
सूखती गीले कपड़ों-सी,
डर है
किसी भी क्षण
अरगनी के टूट कर गिर जाने का
और कपड़ों के गन्दगी में फिर से लिथड़ जाने का।

शहर की सड़कों के किनारे
लैम्प-पोस्टों व टेलीफोन के खम्भों पर झूलते
फटे-पुराने पोस्टरों की तरह
अर्थशून्य से
लटक रहे हैं
कन्धों पर लाद लिए गये
सिद्धान्तों और मान्यताओं के झोले
यत्न बनते जा रहे सब
यातनाओं का सबब अब।

सपनों के रखवाले अब
कुछ भी तो न बोलें,
पहरेदार जाने अब कब
फिर अपनी आँखें खोलें!

मौन

कौन-सा संकोच या स्वार्थ
भय अथवा भ्रम
रखता है मौन हमें
अपनी आँखों के सामने ही
अपना सब कुछ लुटता हुआ देखकर भी!
ऐसा क्या है जो
जमा देता है बर्फ-सा
हमारे खौलते हुए खून को!

कैसी है यह दुर्नियति
जो मजबूर कर देती है हमें
किसी अन्धे की तरह
बन्द रखने को अपनी आँखें
उनके सामने ही
सारी अनैतिकता का
नंगा नाच होते हुए भी!

कहाँ से उपज रही है यह जड़ता!
कहाँ से आकर फैल गया है
चारों ओर यह अन्धकार!

क्यों उल्का-पिंड-सा जल कर
विलीन होता जा रहा हूँ मैं
आसमान के किसी अदृश्य कोने में
धरती पर सशरीर टकराकर
कुछ बित्ता ही सही, उसके सीने में धँस कर
अपने अस्तित्व का तनिक भी अहसास कराए बिना!

जरूरी होता है

तैरना है तुम्हें धारा के विपरीत तो
बढ़ानी ही पड़ेगी अपनी बाजुओं की ताक़त
काटने को पानी का बहाव,
साहस और आत्मबल भी,
यह भी समझ लेना होगा भली-भाँति कि
क्यों नहीं तैरना चाहते हो तुम
औरों की तरह ही धारा के संग,
ताकि सुदृढ़ हो जाय निश्चय तुम्हारा
तथा विचलित न हो जाओ तुम
भँवर-जालों में फँस कर जूझते समय।

उड़ना है अगर आकाश में तुम्हें
हवाओं के विपरीत अनजान दिशाओं में
अनछुई ऊँचाइयों तक पहुँचने का लक्ष्य बना कर तो
भरनी ही होगी तुम्हें अपने डैनों में
कभी न क्षीण होने वाली वह शक्ति
जो मिलती है केवल एक मजबूत संकल्प लेने और
निरन्तर संघर्ष का अभ्यस्त होने पर ही।

जीवन में सुखी होने के लिए जरूरी नहीं होता
धारा के विपरीत तैरना अथवा
हवाओं के विरुद्ध उड़ना,
किन्तु बना रहे सन्तुलन और
भर सकें कुछ खुशियाँ यहाँ

मुसीबतजदाँ लोगों के दामन में
इसके लिए जरूरी होता है
कुछ लोगों का लगातार
आसमान में सुराख़ बनाने की कोशिशें करते रहना।

लाचारी

पैदा हुए थे तुम
बड़े ही अनाम कुल में
शीश पर बस
एक टुकड़ा आकाश ले कर,
नसीब नहीं थी तुम्हें
एक बीघा भी धरती
जिसके सहारे पाल सकते तुम पेट अपना,
जाति भी ऐसी कि
आज भी छूना मना है तुम्हारे लिए
समूचे गाँव में
बरतन और कुएँ का पानी,
हाँ,
छू सकते हो तुम
भूतपूर्व जमींदारों के खेतों की
सारी की सारी फसल
सारा का सारा अन्न
क्योंकि छुए बिना काम ही नहीं चलना है,
आखिर तुम्हें ही तो जोतना-बोना है
काटना-माँड़ना और ढोना है
उसे बुखारियों में भरना भी है,
किन्तु इसी अन्न से बना
उनका भोजन छूना क्षम्य नहीं है तुम्हारे लिए,
भोजन ही क्यों,
उसके पात्रों का छूना तक निषिद्ध है।

तुम पैदा ही हुए हो, लछिमन!
तमाम निषिद्ध कामों की पट्टिका
अपने गले में लटका कर
और जीते रहे हो इस दुनिया में
जन्म से लेकर आज तक
इस चौखट से उस चौखट तक भटकते हुए
लाचारी का एक जीता जागता पर्याय बन कर।

किसी बैल जैसे ही
काँधे पर हल लादे
रोज बैलों के पीछे-पीछे
मुँह-अँधेरे ही जाते रहे तुम
खेतों की ओर,
सहते रहे जाड़ा-घाम
मालिक के खेतों को जोतते-गोड़ते,
कभी भी उफ़ नहीं
कभी इनकार नहीं,
हमेशा तैयार रहे तुम
ढोने को बड़े से बड़ा बोझ।

बस एक अँगोछा ही
सदा सच्चा साथी रहा तुम्हारा!
जो बोझा ढोते समय
बन जाता है शीश की पगड़ी,
कुशन की तरह रक्षक बन
चिपक जाता है खोपड़ी पर,
जाड़ों में कानों के चारों तरफ लिपट कर
यही बन जाता है गरम मफ़लर,
गरमी भर इसी से पोछते रहे तुम
लगातार अपना पसीना,
पता नहीं मुझे,

शायद इसी से पोछते रहे होगे तुम
अपने आँसू भी,
जब भी निकलते होंगे वे
तुम्हारी आँखों से
अकेले में कभी
खेतों की मेड़ पर बैठ कर
गुड़–चना खा कर सुस्ताते समय।

लछिमन! यह अँगोछा ही
शायद तुम्हारा गांडीव रहा है
जिसके सहारे लड़ते रहे हो तुम आज तक
अपनी जिन्दगी का यह लम्बा महाभारत।

वह जो एक टुकड़ा आकाश उम्मीदों का
थाम कर पैदा हुए थे तुम शीश पर
गायब हो चुका है अब दृष्टि–पटल से,
समय के साथ गहराती गयी निराशा
जम गयी है अब दीदों पर
माड़े की मोटी परत जैसी,
अनाम कुलोद्‌भव की पीड़ा है कि
मिटती ही नहीं,
जाने किन लोगों के खातों में चले गये हैं
सारे संवैधानिक संरक्षणों के लाभ,
जाने किन लोगों को मिली है
जिन्दगी जीने के लिए एक समतल जमीन,
तुम तो हमेशा ही जूझते रहे हो
इस ऊबड़–खाबड़ धरातल पर पाँव जमा कर
एक सीधी–साधी चाल चलने की जद्‌दोज़हद में।

लछिमन! तुम्हारी आँखों ने
कभी नहीं पाया

किसी भी रात
चाँद को उतना रूमानी
जितना पाया सदा उसे औरों ने
तुम्हारे ही काँधों पर उचक-उचक कर,
तुम्हें हमेशा ही कुछ ज्यादा चुभने वाली लगी है
जेठ की चिलचिलाती हुई धूप
और कुछ कम ही राहत देने वाली लगी है
जाड़े की खिलखिलाती हुई दोपहरी,
तुम्हें कभी भी आश्वस्त होने का
नहीं मिला कोई भी बहाना
अपने बेटे-बेटियों के भविष्य के प्रति,
हुक्मरानों के आदेशों के खोखलेपन को
अच्छी तरह जानते रहे हो तुम
और यह भी कि
शायद कभी नहीं चूकेंगे वे लोग
चौराहे पर तुम्हारे नंगेपन का फायदा उठाने से
जिनके रहमो-करम पर आज तक जीते रहे हो तुम।

तुम्हें हमेशा ही लगता रहा है कि
तुम आसमान में तैरता गैस का वह गुब्बारा हो
जिसे सदा हवा के बहाव की दिशा में ही उड़ना है
और समय के साथ धीरे-धीरे रिस कर
सिकुड़ कर विलुप्त हो जाना है
इस धरती के किसी गुमनाम कोने में,
तुम किसी उल्का-पिंड की तरह थोड़े ही गिर सकते हो
अपने स्थान से छिटक कर इस धरती पर
कि जिसकी आशंका से ही
कँपकँपाने लगे धरती के लोगों का सीना
और जब तुम वाकई में गिरो तो
एक विनाशकारी महाभूचाल-सा आ जाय इस धरती पर।

वे शक्ति-केन्द्र नहीं

वे शक्ति के केन्द्र में तो हैं
लेकिन शक्ति का केन्द्र नहीं हैं।

वे पीढ़ियों से हाशिए पर ही रहे हैं
तथा धीरे-धीरे ही परिधि से केन्द्र की ओर बढ़े हैं
अब वे क्रमशः केन्द्रीय शक्ति का हिस्सा बनने लगे हैं
लेकिन शायद कोई नहीं चाहता है कि
वे स्वायत्तताशाली बनें
इसीलिए वे शक्ति के केन्द्र तक पहुँच कर भी
शक्ति का केन्द्र नही बन पाए हैं अभी तक।

ऐसा नहीं है कि वे
शक्ति का केन्द्र बनना नहीं चाहते हैं
वे इसके लिए बहुत पहले से ही हाथ-पाँव मारने लगे थे
वे अपने परिक्रमा-पथ की त्रिज्या को कम करने के लिए
धीरे-धीरे ही ताक़त लगा रहे थे
उन्हें किसी उल्का-पिंड की तरह टूट कर
नहीं पहुँचना था शक्ति के केन्द्र तक
ऐसे कि वहाँ तक पहुँच कर चमक ही खो जाए उनकी,
वे अपनी चमक को बरकरार रखते हुए
लगातार शक्ति का केन्द्र बनने की कोशिशें कर रहे हैं।

इतिहास

इतिहास रचने की कोशिश कभी मत करना
इतिहास तो खुद अपने आप को रचता है।

इतिहास हमेशा
वर्तमान की चौखट पर बैठ कर
भविष्य के निर्धारण के लिए
भूत का हिसाब-किताब करता है।

इतिहास की ख़ातिर अगर कुछ करना है
तो बस इतना ही करो कि
समय के सरोकारों को पहचानो
उनके लिए उठ कर खड़े हो जाओ सामने
ऐसे में आप स्वयमेव
इतिहास का एक सुनहरा पृष्ठ बन जाओगे।

वैसे इतिहास का हिस्सा तो
वे भी बन जाते हैं
जो जीवन भर गुमनाम बैठे रह कर
चुपचाप चले जाते हैं इस दुनिया से
इतिहास का एक कोरा पन्ना बन कर।

कचरा

बड़े जतन से खँगालता है वह
मुहल्ले के नुक्कड़ पर रखे कूड़ेदान को,
कूड़े की एक-एक थैली को खोल-खोल कर छाँटता है वह
खा कर फेंकी गयी खाने की पैकिंगों में से
प्लास्टिक के डिब्बे, टूटे-फूटे खिलौने व इलेक्ट्रॉनिक के सामान,
भरता जाता है उन्हें वह लगातार
अपनी साइकिल के कैरियर पर बँधे एक बड़े से बोरे में,
उन डिब्बों से उठती सड़ियल-सी बदबू से नहीं घिनाता वह जरा-सा भी,
एक लम्बे समय से यही बदबू ही तो सहारा बनी हुई है
उसके जीविकोपार्जन का।

रोज़ सवेरे ही आ डटता है वह
उस कूड़ेदान के पास वाले पेड़ के नीचे,
अगल-बगल के घरों से जैसे-जैसे निकल कर आती हैं कचरे की थैलियाँ
वैसे-वैसे ही सक्रिय होता रहता है वह बार-बार,
नहीं तो ऊँघता रहता है वह उस पेड़ के तने से टिक कर उदास-सा,
कूड़ेदान तक पहुँचने वाले हर शख़्स को बड़ी हसरत से देखता है वह,
बड़े लोगों के घरों का कूड़ा लाने वाली नौकरानियों से
दुआ-सलाम भी कर लेता है वह कभी-कभी,
लेकिन सामान्यतः गृहिणियों व बहू-बेटियों के स्वयं उधर आने पर
वह दूर से ही ताकता रहता है चुप-चाप उन्हें
पानी की धार में ऊपर चढ़ती मछली को निर्निमेष ताकते बगुले की तरह
और उनके चले जाने के बाद ही लपकता है वह उस कूड़ेदान की ओर
उनकी लाई हुई कचरे की एक-एक थैली को खँगालने के लिए।

उसे नहीं पता कि क्यों समा गयी है उसकी ज़िन्दगी इन कूड़ेदानों में,
उसने जबसे होश सँभाला है तब से
यही कचरा ही उसकी रोटी का सहारा है,
क्षय की रोगी माँ की दवाओं से ले कर अपाहिज़ बाप की
दारू की बोतल तक
सभी कुछ निर्भर है मुहल्ले के कूड़ेदानों से बीने गये इसी कचरे पर ही,
वह शुक्रगुज़ार है इस वक़्त का
जहाँ चारों तरफ नित्य ही पैदा होता है ऐसा ढेर सारा कचरा
जिसे मुफ़्त में एकत्र कर बेचा जा सकता है
बाज़ार में दोबारा इस्तेमाल के लिए,
वह यही मनाता है ईश्वर से कि कभी ऐसा दिन न आए
जब बाज़ार शहर से कचरा बीनने की भी कीमत तय कर दे
और वह अपनी कचरानुमा ज़िन्दगी की अनिवार्यता बने इस कचरे को
साइकिल पर टंगे अपने बदबूदार बोरे में भर कर
क़िस्मत के उन सौदागरों तक ले जाने को भी तरस जाय।

लुकाठी

आज मेरे हाथ में एक लुकाठी है
याद नहीं कब इसे पकड़ा मैंने
खुद पकड़ा या
किसी और ने पकड़ाई
लेकिन दोस्तो, आज मेरे हाथ में
एक जलती हुई लुकाठी है
और मेरा मन कर रहा है कि
इसके सहारे जला-जला कर ख़ाक कर दूँ मैं
छल, फ़रेब और आडम्बर के सारे बाज़ारू प्रतिष्ठानों को।

मेरे भीतर से सुलगी यह आग
खुद का घर जला कर ही
बाहर की ओर फैली है
और इस दृष्टि से यह लुकाठी
बाज़ार में खड़े कबीर की लुकाठी जैसी ही लगती है।

शायद कबीर की तरह ही कल
मैं भी अस्वीकार्य हो जाऊँ इस दुनिया में
और शामिल कर दिया जाऊँ
घर-फूँक तमाशा देखने वालों की सूची में
या हँसी का पात्र बना कर
दरकिनार कर दिया जाऊँ दुनिया में गालियाँ दे-दे कर।

लेकिन दोस्तो, फिलहाल तो मेरे हाथ में
एक जलती हुई लुकाठी है
और मेरे सामने
बेशर्मी भरे अट्टहास में डूबी
जला कर बस ख़ाक कर दिए जाने लायक
मेरे मन के सुख-चैन की सीता के अपहर्ता रावण की
लगातार मुँह चिढ़ाती हुई यह मायावी दुनिया।

पाप का घड़ा

बहुत पहले सुना था
सूखी नदी में नाव नहीं चला करती
फिर क्यों करते हो रोज अनशन
चलवाने के लिए इस देश की नौका
नदी की सूखी रेती में अपने पैर धँसा कर
चप्पुओं को हवा में लहराते हुए?

पहले उमड़ने दो
लोगों की आँखों में
आँसुओं का सैलाब
ताकि भर जाए करुणा-नीर से यह नदी
फिर उतारो इसमें अपनी नाव
बहाव के सापेक्ष
दिशा व गति को नियन्त्रित करते हुए
तभी पहुँच सकेगी लक्ष्य तक
अपेक्षित परिवर्तन की ओर ले जाने वाली यह तरणी।

किसी भी क्रान्ति की नौका
तभी खेई जा सकती है आगे आसानी से
जब भरी हो नदी पर्याप्त स्तर तक पीड़ा-जल से
और भरा हो हमारे रक्त में आवेश भी
चप्पुओं को तेजी से चलाने का।

कहते हैं

पाप का घड़ा
तभी फूटता है
जब वह लबालब भर जाता है
ऊपर तक।

बेटी से बहू बनने की प्रक्रिया से गुजरती लड़की

बेटी से बहू बनने की प्रक्रिया में
कैसे-कैसे मानसिक झंझावातों से
गुजरती है लड़की।

अपनों से एकाएक कट कर अलग होती,
कटने की उस तीखी पीड़ा को
दाम्पत्य-बन्धन के अनुष्ठानों में संलग्न हो
शिव के गरल-पान से भी ज्यादा सहजता से
आत्मसात करने का प्रयत्न करती,
लड़की वैसे ही विदा होती है
माँ-बाप की ड्योढ़ी से
जैसे आकाश का कोई उन्मुक्त पंछी
उड़कर समाने जा रहा हो किसी अपरिचित पिंजड़े में
अपने नवेले जीवन-साथी के पंख से पंख मिलाता
किसी नूतन स्वप्नलोक की तलाश में।

अपने बचपन की समस्त स्वाभाविकता
अपने किशोरपन की सारी चंचलता
अपने परिवेश में संचित समूची भावुकता
सबको एकाएक भुलाकर
अपने नये परिवार में एकाकार होती लड़की
हर दम बाहर से हँसती और अन्दर से रोती है।

लड़की का पहनावा, बोल-चाल, हाव-भाव,

सब कुछ नित्य नये परिजनों के स्कैनर पर होता है
माँ-बाप के घर से मिले संस्कार, कुसंस्कार,
कपड़े-लत्ते, गहने, सामान,
सब पर उनका अपना-अपना दृष्टिकोण होता है,
जिनका लड़की के कानों तक पहुँचाया जाना
अनिवार्यता होती है, और
उन पार्श्व-वक्तव्यों की अन्तर्ध्वनि तक को
पचा जाना लड़की का कर्तव्य।

अपने नये परिवार की परम्पराओं के साथ तालमेल बिठाती,
अपने नये जीवन-सहचर के साथ
दाम्पत्य की अभिनव यात्रा पर निकल पड़ी लड़की
हमेशा सशंकित रहती है,
चिन्तित होती है,
फिर भी वह निरन्तर आशावान बनी रहती है
अपने भविष्य के प्रति।
बेटी से बहू बनने की प्रक्रिया से गुजरती लड़की
अपने प्रियतम की आँखों में आँखें डाल कर
परिवर्तन के अथाह सागर को पार कर जाती है,
किन्तु कभी-कभी दुर्भाग्यशाली भी होती है
ऐसी ही एक बेटी
जिसे उन आँखों में नहीं मिल पाती
अपने भविष्य के उजाले की कोई भी किरण।

पिताजी

पिताजी अभी–अभी तो
बैठे थे यहीं तख़त पर
प्रात:क्रियाओं से निवृत्त हो कर
ध्यान–मुद्रा में,
भूत और भविष्य दोनों को
वर्तमान में विलीन करते हुए,
अपनी भौतिक अनुपस्थिति को सर्वथा झुठलाते हुए।

पिताजी अक्सर चले आते हैं
स्मृतियों से अटे पड़े दरवाजे पर
यूँ ही बरसों पुरानी बातें दुहराते हुए
कभी रंगों में सराबोर होली के फाग गाते
कभी दंड–बैठक पेल, मुद्गर भाँजते
कभी क्यारियों में फूलों की पौध लगाते
उन पर सुबह–शाम पानी दँवारते
कभी लाठी उठा कर बगीचे से आवारा जानवर भगाते
कभी हाथ में डंडा दबा कर खेतों के चक्कर लगाते
कभी गाँव के शैतान बच्चों को
अच्छी कबड्डी खेलने के गुर सिखाते
कभी देश–विदेश के अहम मसलों पर
बहस–मुबाहसों के अम्बार लगाते।

वैसे तो काम–काज करना

नियति में नहीं था पिताजी की,
हमारे लिए सपनों जैसे ही थे वे दिन
जब अम्मा की बीमारी के चलते
पिताजी ही सुलगाते थे चूल्हे की लकड़ियाँ
उबालते थे दाल और सेंकते थे रोटियाँ
लाते थे लाद कर क़स्बे से
हमारे लिये थैले में सब्जियाँ व घरेलू सामान
मँगा कर उस साप्ताहिक बाजार से
जहाँ आत्मसम्मानवश अतीत में ली गयी एक प्रतिज्ञा के अधीन
कदम भी नहीं रखा था उन्होंने वर्षों से कभी,
हमें दशहरे का रावण-दहन दिखाने के समय भी नहीं,
उनके थैले से निकली जलेबियाँ
खा कर खुश हो जाने वाले हम
खेल-कूद कर थक जाने पर
अक्सर लेट जाते थे जा कर
चारपाई पर लेटे पिताजी की तोंद को तकिया बना कर,
वक़्त के थपेड़ों में
हमारी यादों की खिड़की से
अभी भी फिसला नहीं है बचपन और
पिताजी की वह मोहक मुस्कान।

मुझे हमेशा यही लगता है कि
पिताजी वहीं तो लेटे हैं
शाम के धुँधलके में
बिस्तर के कोने में दबे ट्रांजिस्टर पर
चल रहे कविता-पाठ का आस्वादन करते हुए
सो जाने की प्रतीक्षा में रजाई में पैर दुबकाते।

पिताजी आज भी कभी-कभी ढूँढे मिल जाते हैं
उन फटी-पुरानी बहुमूल्य किताबों के बीच
जिन्हें पढ़-पढ़ कर उन्होंने

बरसों तक सँभाल कर रखा था,
सनेही जी की 'सुकवि' के उन पुराने पन्नों के बीच
जिनमें छपे थे उनके समकालीन सरोकारों वाले छन्द,
कविताई के शौक से भरे अपने उन कागजों के बीच भी
जिन पर अक्सर अंकित करते रहते थे वे
अपनी अन्तरात्मा की भावनाएँ।

पिताजी की इच्छा-शक्ति व लगन का
सतत साक्षी बना दरवाजे का हैंडपम्प
जब भी चलाया जाता है हमारे द्वारा
'खट-खट-खट' कर पानी उड़ेलते हुए
वे आज भी नज़र आ जाते हैं अकेले
सामने खिली फूलों की क्यारियों में मँडराती
रंग-बिरंगी तितलियों के बीच
चबूतरे पर स्थापित शंकर जी की बटिया के ऊपर
अपनी सारी संचित तरलता अर्पित करते हुए।

मेरा बेटा

मेरा बेटा
नौ साल की उम्र में ही
कई-कई मामलों में
पापा के भी कान काटने लगा है।

मेरा बेटा चंचल है
वह स्कूल से निकलते समय
दोस्तों के पीछे से टीप लगाने
उनकी आँखें बन्द कर उन्हें डरा देने और
चलते-चलते पीछे से टँगड़ी फँसा कर
उन्हें गिरा देने से नहीं चूकता।

मेरा बेटा खिलंदड़ है
लेकिन खेल में मेहनत करना उसकी फ़ितरत में नहीं
वह बिना फीलि्ंडग किए ही घंटों क्रिकेट खेलता है
बिना आगे-पीछे दौड़े-भागे ही घंटों फुटबाल भी खेलता है
साइकिलिंग में उसकी ट्रैक
सड़क के गड्ढों ही गड्ढों से हो कर गुजरती है
नतीजा, आज ब्रेक टूटी है, तो कल गद्दी,
आजकल उसकी सारी इच्छाओं का अन्त
एक गियर वाली साइकिल की माँग पर आ कर ही होता है।

मेरा बेटा भावुक है
वह पोगो व कार्टून नेटवर्क के सीरियलों को देखते समय

किसी को भी अपनी माँ से बिछुड़ते देख कर
रुवांसा हो जाता है,
वह किसी भी ऐसे मौके पर हमारे पास तक नहीं फटकता
जहाँ भावुकता का वातावरण होना हो,
वह ग्रुप फोटो खिंचवाने के लिए भी कभी ढूँढ़े नहीं मिलता,
शायद उसे अन्दाजा हो गया है कि
ये फोटो ही तो आगे चल कर
सबसे ज्यादा ज़ज्बात जगाने वाले होते हैं।

मेरा बेटा फैशनपरस्त है
लेकिन फैशन करने की उसकी अपनी ही स्टाइल है
वह कभी भी टी-शर्ट को पैंट या शॉर्ट्स के बाहर नहीं रखता,
हाल ही में बहन की शादी के मौके पर वह
लम्बी नोक वाले जूते तथा शाइनिंग फैंसी सूट ले कर ही माना था,
वह घर वालों के सामने तो सलमान खान बन जाता है
लेकिन किसी बाहर वाले के सामने क्या मजाल कि
कोई उसकी नंगी देह देख ले,
आस-पास यदि कोई लड़की हो तो वह कपड़े तक नहीं बदलता, और
जाड़े की ठिठुरन में भी कोई उसे मंकी कैप पहना कर तो देख ले!

मेरा बेटा होशियार है
वह बड़े से बड़े पज़िल चुटकियों में हल करता है
कठिन से कठिन वीडियो गेम में
झट से टॉप स्कोर पर पहुँच जाता है
उसे यह भी मालूम है कि
किताबी ज्ञान में कुछ नहीं रखा
इसीलिए वह नोटबुक में दर्ज़ प्रश्नोत्तर कभी नहीं याद करता
लेकिन फ़ेसबुक पर हर सवाल का बड़ी तत्परता से जवाब देता है,
गणित का गुणा-भाग खूब भाता है उसे
बहुत रुचि है कारों में उसकी
मेरे बैंक-बैलेन्स में भी
लेकिन ज़रा भी रुचि नहीं

समाज–शास्त्र या भाषा के अध्यायों में।

मेरा बेटा समझदार है
वह मम्मी की भावनाओं का रखवाला है
मम्मी के बजाय वही फोन करता है मुझे
शाम को दफ़्तर में देर क्यों हो रही है यह पूछने के लिए,
वही मना करता है मुझे
दोस्तों के साथ शाम बाहर बिताने के लिए,
उसी ने वर्जित कर रखा है
शाम को घर में अकेले बैठ कर
मूड ठीक करने के अनुचित उपाय करने से,
वही तरेरता है आँखें बाहर की पार्टियों में भी
मेरे हाथों में मदिरा का गिलास थमा देखते ही।

मेरा बेटा अकेले में हमेशा ही
मेरा मार्गदर्शी बनने की कोशिश करता है
मेरे सामने ऐसी युक्तियों के सुझाव पेश कर–कर के
जिससे नाराज़ न हों मम्मी कभी भी पापा के प्रति और
भरा रहे घर का वातावरण सदा ही सद्भावों से
पापा और मम्मी की किसी भी नोक–झोक में,
वह हमेशा ही सिद्ध करता है अपने आप को
मम्मी की बातों का प्रबल पक्षधर
और मम्मी की वक्र दृष्टि देखते ही
तत्काल त्याग देता है वह
अपनी बड़ी से बड़ी लालसा व शैतानी,
वह अक्सर लताड़ने लगता है पापा को
मम्मी के रटे–रटाए जुमले सुना कर
ताकि खुश हो जाएँ उसके सामने बैठी मम्मी,
लेकिन पीठ पीछे वह हमेशा ही पिघलता रहता है आइसक्रीम–सा
पापा के प्रति उमड़ने वाले प्रेम की गरमाहट का मधुर अहसास
जगाता हुआ।

रोको उसे

नौ महीनों तक सँभाला हो जिसे
माँ ने गर्भाशय में
सोते समय भी
सजग रह कर करवटें बदलते हुए,
बूँद-बूँद रक़्त से करके पोषण
जना हो जिसे इस धरती पर
सहते हुए इस दुनिया की
सबसे असह्य बताई जाने वाली पीड़ा,
पाला-पोसा हो परिजनों ने जिसे
बाजुओं में ताक़त आ जाने तक
अपनी सामर्थ्य भर,
कैसे भुला दिया आज उस युवक ने
इस समूचे त्याग के इतिहास को?
बेवक़्त ही ठान ली उसने
जाने की इस दुनिया से
निर्जीव कर माँ की वात्सल्य-भरी
इस सबसे सरस उत्पत्ति को!
अरे! रोको उसे!

क्यों पीता जा रहा वह हलाहल दिन-रात?
क्यों उड़ाता जा रहा वह
तम्बाकू, चरस, गाँजे के धुएँ की गन्ध में
जीवन के अनमोल अहसास?
क्यों खाए जा रहा वह

एक के बाद एक
स्नायु-तन्त्र को निश्चेत बना देने वाली नशीली दवाएँ?
क्यों दागने जा रहा वह
अपनी आँखें बन्द कर
कनपटी पर बारूदी गोलियाँ?
क्यों लपक कर कूदने जा रहा वह
नदी के पुल पर से गुजरती सरपट दौड़ती ट्रेन से?
अरे! कोई तो रोको उस बेचारे को!

उसे अवसाद से मुक्ति दिलाने के लिए
कुछ तो करो!

कम से कम उसके इस कृत्य से
माँ की आत्मा को होने वाली
पीड़ा का अहसास तो दिलाओ उसे!

उस दिन

उस दिन बरतन धोते समय
हाथों से फिसल
वाश–बेसिन के बाहर गिर कर
उस सुन्दर कप का टूट जाना,
वक्ष–स्थल से अचानक उछल कर
फर्श पर हृदय के टकरा कर
बिखर जाने जैसा ही था।

अब तक इस भाँति टूटे
दर्जनों कपों व गिलासों से अलग था
मित्र के स्नेह से सने
उस कलात्मक कप के साथ
ऐसा दुर्घटित होना।

बहुत रोना आया था मुझे उस दिन,
कोसा था जी भरकर
नित्य सुबह उस कप में ही
चाय पीने की अपनी चाहत को,
उन परिस्थितियों को भी,
जिनके तहत,
चाय पीने के लिए
मित्र की उस थाती के सिवा
घर में और कोई कप भी उपलब्ध न था
और अनुभवशून्य मेरे सिवा

घर में कोई और सहायक भी न था
उन बरतनों को धोने के लिए।

फर्श पर बिखरे पड़े
कप के हर एक टुकड़े से उस दिन
झाँक रहा था जैसे
मेरे प्रिय मित्र महेश दर्पण का
दाढ़ी में छिपा मन्द-स्मित चेहरा,
बरबस ही समेट लिया था मैंने
उस कप के एक-एक टुकड़े को,
और फेवीकोल से चिपका-चिपका कर
फिर से जोड़ डाला था उन्हें
ग्रीक एक्रोपोलिस के खम्भों की तरह।

अब उस कप में चाय पीना,
न सम्भव था, न ही स्वीकार्य,
उसे सजा दिया था उसी दिन मैंने,
ड्राइंग-रूम के कपबोर्ड में,
कुछ के पल्ले बस यही तो बचता है—
अपनी चाहतों के भग्नावशेषों को
स्मृतियों के शो-केस में
सहेज-सहेज कर रखते जाना।

सत्य बनाम झूठ

सत्य के पाँव नहीं होते कि
वह खुद चल कर आये हमारे सामने,
झूठ के हमेशा ही लगे होते हैं पंख
और वह उड़ कर पहुँच जाता है हर एक जगह।

सत्य प्रकट होता है
रंग-मंच के दृश्य की तरह
परदा उठाने पर ही,
किन्तु झूठ टँगा होता है
चौराहे की होर्डिंगों पर
सरकारी विज्ञापनों की तरह।

कपड़े के फटे होने का सत्य
हमेशा ढाँके रखता है
ऊपर से लगाया गया पैबन्द,
हमारा चेहरा दिखने लगता है
कितना सुन्दर व चिकना
झुर्रियों को मेक-अप करके छिपा देने के बाद।

आज-कल सत्य को झूठ के आवरण में ढँक कर
नज़रअन्दाज कर देना एक आम बात है,
लेकिन झूठ के सुनहरे मुलम्मे को उतार कर
सत्य के खुरदुरेपन के साथ जीने का साहस दिखाना बहुत ही दुर्लभ।

मीठी बातों से कड़वी भली

नीम का पेड़
ऊपर से नीचे तक
कड़वा ही कड़वा!

किन्तु छाल, पात, फल, खली
सभी कुछ जीवन-रक्षक!

मीठे फलों में ही प्रायः
पलते हैं विविध रोग।

इतिहास गवाह है,
हमेशा ही सिद्ध हुई हैं
मीठी बातों से कड़वी भली।

सुनो

सुनो, सुनो!
खुली खिड़की के बाहर
सन्नाटे में गूँजती
झींगुरों की झनझनाती आवाज सुनो!
इसी झनकार में छिपा है
सन्नाटों पर विजय पाने का अदम्य साहस,

रात की नीरवता में
एकान्तता के सहचर तुम सुनो!
बाहर नारियल की नुकीली पत्तियों से छन-छन कर
अन्धकार में डूबी जमीन पर झरती
पानी की बूँदों की मधुर टपकन!
इसी टप-टप में छिपी है
शुष्कायमान सृष्टि की अवशेष जिजीविषा!

अश्रव्य कोलाहल में डूबे
शहर की आपाधापी से ऊबे
विजन में विक्षेपित मन तुम
सजग हो कर सुनो!
घर के भीतर के अँधेरे से ले कर
बाहर के दरख़्तों के काले झुरमुटों तक सनसनाती
हवा की साँय-साँय,
और सुनते ही रहो इसे उस वक़्त तक
जब तक तुम्हें यह विश्वास न हो जाय कि

इस सनसनाहट भरे अँधेरे के बावजूद
रंगमंच के परदे के पीछे
सजा कर तैयार किए जा चुके हैं वे दृश्य
जिनका अब सम्भव हो सकेगा मंचन
रोशनी में चुँधियाए दर्शकों के सामने।

तर्पण की इच्छा

किताबों में पढ़ता हूँ
बड़े-बड़े प्रजावत्सल, दानवीर राजाओं के बारे में,
सब के सब चले गये,
उनकी वह प्रजा भी,
जमींदोज़ हो गये उनके राजप्रासाद भी,
अवशेष है अब उनका सारा ऐश्वर्य-बल
ऐसे किताबी अक्षरों में ही
समय-समय पर लिखे जाते हैं जो शायद
उनकी चिता-भस्मों के उन अंशों से,
सँजोकर रखा है जिन्हें अभी तक किताबकारों ने
परम्पराओं का बखान और विरासत का गुणगान करने के लिए।

हमारे पुरखों की कहानियों में
अक्सर ढूँढ़े मिल जाते हैं
तब के तमाम राजा और रानी,
उनके तीन राजकुमार या कोई राजकुमारी
कभी कोई राजगुरु या राजवैद भी,
नहीं बनी थी शायद कोई स्याही उन दिनों
जिससे लिखी जाती उनके किसी प्रजा-जन की भी कहानी
बताती जो उनकी प्रजा के गुरुओं और वैद्यों का हाल भी,
नहीं थे उन दिनों शायद
प्रजा-जनों के बीच ऐसे कोई कथाकार भी,
जिनके बारे में हम कह सकते कि
उन्हीं की चिता-भस्म की मसि को सँभाल रखा है

आज के दौर के तमाम जनवादी लेखकों ने।

पुरखों की किसी थाती की तरह नहीं मिलती हमें
अपने साहित्य के श्मशान में
ऐसे किसी भी प्राचीन कवि की चिता-गन्ध
जिसने राम-राज्य के दौरान अथवा
उसके पहले या बाद में ही महसूसा हो कभी (तुलसी को छोड़)
किसी भी प्रजा-जन का दैहिक-दैविक-भौतिक ताप।

लोकतन्त्र के इस युग में भी
प्राय: दिख जाते हैं
राजाओं जैसे आत्म-मुग्ध व आत्म-केन्द्रित कुछ जन-नेता
जिनके आचरण की झलक भर से
मिल जाती है बानगी इस बात की कि
क्या-क्या घटित होता रहा होगा
राजशाही के उस दौर में
प्रजा-जनों की उन अचर्चित बस्तियों में
जहाँ न तो कभी राजकवि पहुँचते थे
न ही कभी ऋषिकवि,
जहाँ न तो अख़बार होते थे, न पत्रकार,
और यदि रहे भी होंगे तो शायद
उनकी भी बोलती ऐसे ही बन्द रहती होगी
जैसे आज बन्द रहती है कहीं-कहीं
लोकतान्त्रिक राजाओं की दौलत और दमन के सामने।

आज भी अवशेष है मेरे मन में
किसी सीधे-सच्चे जनानुरागी पुरातन कवि की
आत्म-शान्ति के लिए तर्पण करने की इच्छा,
यदि मिली चिता-रज कहीं किसी दिन
ऐसे किसी जन-कवि की तो
निश्चित अर्पित कर दूँगा मैं

शब्दों के दो-चार फूल उसकी समाधि पर
मान उसे ही पूर्वज अपना,
सीखूँगा उससे कविताई
लिखने को फिर नयी कहानी—
एक था राजा, एक थी रानी,
जिसने बात प्रजा की मानी,
भले मर गये राजा-रानी
मगर ख़त्म न हुई कहानी।

वे मरे नहीं थे

वे लगातार रोते हुए से दिख रहे थे
पर वे रो नहीं रहे थे शायद,
दरअसल वे हँसते ही ऐसे थे कि
लगता था जैसे रो रहे हों।

वे जाहिल और गँवार जैसे लग रहे थे
पर वे जाहिल और गँवार थे नहीं,
दरअसल नासमझी में लोगों को उनके तौर-तरीके
लगते ही थे जाहिल और गँवारों जैसे।

वे मरे हुए जरूर लग रहे थे
पर वास्तव में वे मरे नहीं थे अभी,
दरअसल वे जी ही रहे थे मरे हुए से।

वे ज़मीन से उखड़े हुए दरख़्त की भाँति सूख रहे थे
पर उनकी जड़ें अभी
पूरी तरह ज़मीन से अलग नहीं हुई थीं शायद,
दरअसल,
अपनी इन तमाम बुनियादी लाचारियों के बावजूद
उनके भीतर अभी भी
अपना अस्तित्व बचाए रखने की उत्कंठा बरकरार थी
और इसीलिए वे चुपचाप
अब आखिरी संघर्ष की तैयारी करने के लिए
बस तन कर खड़े ही होने वाले थे किसी वक़्त।

नये-नवेले सपने

घने कुहासे में
सूरज भी नहीं उगता,
काली घटाएँ छाने पर
धूप भी नहीं खिल पाती,
दहलीज पर रोशनी की
एक किरण पाने के लिए,
और आँगन में धूप का
एक कतरा सजाने के लिए,
कुहासे को किसी न किसी कोने से
छाँटने की पहल तो करनी ही पड़ेगी।

अभेद्य बादलों के बीच भी
सूरज की एक झलक पाने के लिए
कवि दुष्यन्त की तरह
उसमें सुराख़ बना देने वाला
कोई पत्थर तो जोर से उछालना ही होगा
वह भी इतनी हिम्मत से कि
जाग उठें जमींदोज़ महलों में सोए राजपुरुष,
अवाक रह जाएँ
किलों के भग्नावशेषों में भटकती
आततायी शहंशाहों की आत्माएँ
और सम्मोहक संगीत में तब्दील हो जाएँ
बेसुरे हो चुके सारे के सारे विप्लव-गान।

ट्यूनीशिया, मिश्र, यमन, बहरीन व लीबिया की
विक्षुब्ध आवामों ने अब जगा ही दिये हैं
विश्व भर के तानाशाहों के दिलों में ख़ौफ़ और
परिवर्तन–कामी युवाओं की आँखों में
आजादी व इंसाफ़पसन्दी के नये–नवेले सपने।

विडम्बना

यह कलंक अब
कहाँ रखा जाय छिपा कर कि
हम आज भी मजबूर हैं
उग आने को
बजबजा कर
सड़ी-गली काठ पर
जिस पर हर कुत्ता टाँग उठा कर
शू-शू करता है हिकारत से
यह सिद्ध करता हुआ कि
हमारा नाम कुकुरमुत्ता ही होना चाहिए।

आजादी के इतने बरस बाद भी
नहीं सुनते हमारी कभी
डालियों पर इतराते रंगीन गुलाब
भले कितनी ही चोटें खा चुके हैं वे
निराला के शब्द-वाणों से बिंध-बिंध कर।

कहाँ उठा कर रखी जाय अब
यह काहिली,
यह लाचारी,
यह उदासीनता,
यह प्रतिशोध की अमिट आकांक्षा?

कैसी विडम्बना है कि
प्रतिरोध करते-करते हम
आदी हो चले हैं अब
कुकुरमुत्ते की ही तरह जीने के।

शब्द

शब्दों का क्या?
शब्द तो ढेरों थे,
अर्थ भरे और निरर्थक भी,
जिसकी जैसी जुबान
उसके पास वैसे ही शब्द थे।

कुछ के शब्दों पर भरोसा ही नहीं था
किसी को भी,
इसीलिए रखे थे उन्होंने
अपने पास बोलने के लिए
कुछ उधार लिये गये शब्द भी,
चूँकि, कभी भी टिके नहीं रह सकते
ऐसे लोग
अपने कहे गये शब्दों पर,
अतः ऐसे लोगों की वज़ह से ही
आज बन चुके हैं कुछ लोग
शब्दों के कारोबारी भी।

शब्द उछाले जा रहे हैं सरेआम
तरह-तरह की जुबानों से
डराने-धमकाने-गरियाने-बरगलाने के लिए,
अख़बार के पन्नों से भी गायब हो रहे हैं वे शब्द
जिन पर किया जा सके अब कभी कुछ भरोसा।

शब्दों का क्या?
शब्द तो पत्थरों की तरह बेज़ान हो चले हैं आजकल,
उनका इस्तेमाल किया जा रहा है बस,
गाहे-बगाहे किसी न किसी का माथा फोड़ने के लिए।

संकल्प

पानी ही पानी,
बरसात में उफनाई
भरत नदी में
दूर-दूर तक दिखता है
अथाह पानी,
दूर किनारों पर
नारियल-वृक्षों के ऊँचे झुरमुट
पानी के इसी विस्तार में
समा जाने को लगते आतुर,
आकाश में छाये काले बादल
बरस रहे हहरा कर,
धरती से अम्बर तक
गहराता अँधियारा,
रहस्यमयी धुन्ध है फुहारों की,
कुछ-कुछ डरावना-सा लगता मौसम।

फिर भी वे देखो,
दो मछुआरे छतरी ताने
ऐसे बैठे हैं तने मूर्तिवत
लकड़ी की उस गंठी नाव में,
नदी की मँझधार में
निर्भीक जाल फेंकते,
जैसे निकले हों
प्रकृति की प्रतिकूलता से मल्ल-युद्ध करने।

उनके नंगे बदन से
चुँचुँहाता पसीना
विचलित कर रहा हो जैसे
पानी के उस पूरे विस्तार को,
उनकी धमनियों में फड़कता रक्त जैसे
चुनौती दे रहा हो
नदी की उछलती-कूदती लहरों को।

भय नहीं किंचित् उनको
नदी के तीव्र प्रवाह का,
घटाटोप आकाश का,
डरपाती वर्षा का,
हवा के तूफानी थपेड़ों का,
शायद ये मछुआरे
उस निर्भीकता के प्रतीक हैं
जो पैदा होती है
विकल परिवार का पेट पालने के लिए
करो या मरो का संकल्प ले लेने पर।

विष-पान

पीने को कितने तरल
पूरित गरल
मिलते पल-पल,
धरा पर विष-पान करना
आज है कितना सरल।

अमृत-मन्थन
बहुत मुश्किल
देव-दानव जिएँ हिल-मिल,
नहीं दिखती कोई मंजिल
वासुकि जाए जहाँ मिल
मन्दराचल गला तिल-तिल।

कर रहे छक कर सभी विष-पान
चाहते होना सभी ज्यों नीलकंठी
मोहिनी साकी बनी विष बाँटती है,
अमृत पाने को नहीं संघर्ष कोई
विष्णु को आराम करने दो वहीं
उस क्षीरसागर मध्य ही।

गाँव

गाँव की नदी पर अब
एक पुल बन गया है
केवल पन्द्रह मीटर लम्बा
लेकिन इतने भर से ही पट गयी हैं
लगभग पचास वर्षों की दूरियाँ,
एकाएक जैसे शहर के
पचासों किलोमीटर नजदीक आ गया है गाँव।

शहर,
जिसने बस एक सदियों पुरानी धरोहर-सा
माना सदा गाँव को,
छोड़े रहा उसे
मात्र रिश्ता निभाने के नाम पर
अपनी बना कर रखी गयी
किसी परित्यक्ता पत्नी की तरह,
और स्वयं लेता रहा मजा
हमेशा चकाचौंध के बीच
नये-नये रिश्तों की गर्मजोशी में डूबा।

गाँव का काम रहा सदा
शहरियों को दूध देना,
गेहूँ, चावल, दाल देना,
फल-फूल सब्जी देना,
और चना-चबेना खा-खा कर

ईंट-गारा पत्थर ढोना।

गाँव की मजबूरी थी -
शहरियों की मिलों के लिए जमीनें देना,
बिजली के लिए जंगल और पहाड़ देना,
पानी के लिए नदी और झील देना
दौलत के लिए मिट्टी और खदानें देना,
चहकने के लिए नमक देना,
महकने के लिए पसीना देना
बहकने के लिए खूबसूरती देना,
दहकने के लिए प्राणवायु देना।

गाँव का धर्म रहा सदा
समेट लेना शहर का सारा कूड़ा-कचरा,
पी लेना शहर के शरीर से उतारा गया
सारा का सारा जहर
और जी लेना पूरी की पूरी जिन्दगी
शहर के उतारे हुए कपड़ों के ही सहारे।

लेकिन जब से बन गया है यह पुल
शहरियों से रिश्ता ही बदल गया है गाँव का,
अब शहर खुद आने लगा है गाँव तक,
अपनी चमचमाती गाड़ियों में चल कर
अब तो शहर का एक हिस्सा-सा ही लगने लगा है गाँव
और अब लौट कर उसमें बसने लगे हैं वे लोग भी
जो रोजी-रोटी के चक्कर में
जा बसे थे कभी शहर में
छोड़ करके गाँव की चौपाल,
क्योंकि तब यह अँगूठी जैसा पुल नहीं था यहाँ
जो शकुन्तला की तरह बिस्मृत गाँव की
याद दिलाता रहता किसी शहरी दुष्यन्त को।

देशी कुत्ते

पार्क में रोजाना टहलाया जाने वाला वह कुत्ता
देखने में किसी विदेशी या संकर नस्ल का ही लगता है
उसके गले में हमेशा एक सुन्दर पट्टा होता है
पट्टे में फँसी चेन उसके मालिक के हाथों में होती है
मालिक अपने दूसरे हाथ में दबे डंडे से
पार्क में उसके पीछे लगे देशी कुत्तों के झुंड को लगातार डराए न तो
पार्क के आगन्तुकों के उच्छिष्टों पर ही जीने वाले ये देशी कुत्ते
उसकी तराशे बालों वाली शैम्पू से नहलाई गयी साफ-सुथरी देह पर
अब तक कितनी ही खूनी खरोंचे बना चुके होते लपक कर
अपने हक़ की रोटी का एक हिस्सा उससे छीन लेने की उतावली में
या फिर अपनी वंचना की पीड़ा के प्रतिकार के आवेश में।

वह श्वान-प्रेमी यूँ ही रोज सुबह पार्क में टहलने आता है
और अपने साथ उस खाए-पिए विदेशी नस्ल के कुत्ते को भी
नित्य दुलराते हुए टहलाता है
उन्हें देखते ही भौंक कर पीछे-पीछे दौड़ पड़ने वाले
पार्क के देशी कुत्तों को
वह हिक़ारत से मुँह बिचका कर हमेशा ही दूर भगाता है
कुत्ते फिर भी गुर्रा-गुर्राकर अपना आक्रोश व्यक्त करते ही रहते हैं
क्या करें, देशी जो ठहरे!
मैंने सोचा, 'इन्हें तो गाँवों में ही पलना चाहिए था
पता नहीं कहाँ से ये शहर में आ गये!
इस देश में तो किसी भी शहर का कोई भी श्वान-प्रेमी
कभी भी किसी देशी कुत्ते को नहीं पालता

और कभी भूले से
गाँव से आकर यहाँ बस गया कोई शहरी पाल भी लेता है
तो वह शर्म के मारे ऐसे किसी कुत्ते के गले में सुन्दर पट्टा डाल कर
उसे रोजाना पार्क में टहलाने नहीं ले जाता।'

खैर, इस रोज-रोज के वाकये को देख कर
मुझे अभी तो यही ग़नीमत लगती है कि
विदेशी नस्लों के प्रेमी इन शहरियों के पीछे
इनके उच्छिष्टों के सहारे जीने को मजबूर
झुग्गियों में रहने वाले देशी इनसानों का कोई झुंड
हमलावर नहीं हुआ है,
लेकिन अगर किसी दिन ऐसा हो गया तो फिर
उनसे इन्हें बचाने के लिए कौन फटकाएगा अपना डंडा?
वैसे रोटी के लिए यहाँ अपनी ही नस्ल के लोगों पर
डंडे फटकाने वालों की भी कहीं कोई कमी है क्या?

हमारे आस-पास

सन्दिग्ध का चेहरा
हमारे आस-पास के ही
किसी आदमी से मिलता-जुलता था।

जो बम फटा था
उस पर हमारे आस-पास के ही
किसी मुल्क़ की पहचान छपी थी।

हादसे में जो लोग मरे थे
वे हमारे आस-पास के ही
किन्हीं मोहल्लों के रहने वाले थे।

हम समझ नहीं पा रहे थे कि
हमारे आस-पास ऐसा क्यों हो रहा है,
धीरे-धीरे अपने पड़ोसियों पर से ही
उठता जा रहा था हमारा विश्वास।

शायद उन पर से भी,
जिन्हें बड़े भरोसे के साथ बिठाया था हमने
अपने पड़ोस से ही चुन कर देश की गद्दी पर।

सिरफिरा

सुबह का भूला
शाम तक घर लौट आए तो
भूला नहीं कहलाता
पर भटकता रहे वह
रात भर और आगे भी
तो गुमशुदा ही कहा जाएगा
ऐसे किसी भुलक्कड़ को।

लेकिन उसे तो बस
सिरफिरा ही कहा जाएगा
जो कुछ भी न भूलकर भी
नाटक करे सभी कुछ भूल जाने का
और विस्मृत कर सारे रिश्ते-नाते
दौड़ पड़े काटने को पगलाए कुत्ते-सा
अपने पालने-पोसने वालों को ही।

गुमशुदा होने और सिरफिरा होने में
ज्यादा फर्क नहीं होता
बस एक भूला रहता है
अपने ही लोगों को और
दूसरा भूला होता है
खुद अपने आप को।

गुमशुदा मिलता नहीं आसानी से
लाख ढूँढ़ने और छपाने से इश्तेहार भी,
सिरफिरा करता है रोज-रोज जीना हराम
हमारे ही सिर पर सवार हो कर,
वह तो खुद ही छपवाता है अपना फोटो
रोज अख़बारों और क़िताबों में।
गुमशुदा अनदिखे भगवान जैसा लगता है,
सिरफिरा स्वयम्भू शैतान जैसा दिखता है।

गुमशुदा की तलाश जारी रखना
हमारा फर्ज़ है मित्रो!
लेकिन भूलना नहीं कि
सिरफिरों को काबू में रखने के लिए भी
हमें ही तैयार करना है
एक मज़बूत सींकचों वाला पींजरा।

प्रतिरोध

घुप्प अँधेरा था
सूझता नहीं था हाथ को हाथ,
फिर भी धँसाता रहा वह
पैनी नोक वाला खंज़र
बड़ी ही सावधानी से
ठीक मेरे सीने के बीच,
दिखता नहीं था मुझे
बहता हुआ रक्त भी अपना,
पीता रहा इसे वह शान से रेड वाइन-सा,
साम्राज्य था उसका टिका
इस तमाधिष्टित शल्य-क्रीड़ा के सहारे।

किन्तु आखिर दर्द ने मुझको झिंझोड़ा
वक़्त ने करवट बदल ली,
लगा, दस्तक दी सुबह ने
रोशनी की किरण फूटी,
देख खुद को रक्त-रंजित
घाव की पीड़ा भुला कर
तन गया प्रतिरोध में मैं
भर गया प्रतिशोध से मैं,
काँपते अब हाथ उसके
चूकता उसका निशाना
हाथ में थामे हुए खूँखार खंज़र
वह उजाले में खड़ा नंगा दिखे अब।

मैं निडर हो, बढ़ चला हूँ
अब नये संघर्ष-पथ पर,
निहत्थे ही,
सामने निष्प्रभ खड़ा वह
देखता आश्चर्य से भर
हौसला मेरा निराला।

ढह रहा प्रासाद उसका
भरभरा कर ध्वस्त होता
क्योंकि उसकी नींव का पत्थर बना मैं
आज सहसा खिसक आया हूँ वहाँ से
खुद स्वयं की नींव बनने,
वक़्त मुट्ठी में दबोचे, ढेर-सी हिम्मत जुटा कर।

वह वक़्त अब आना नहीं

‘नाराज हो?’
‘ऐसा लगा क्या?’
‘कुछ कष्ट है?’
‘किसको नहीं?’
‘मुझसे कहो!’
‘कैसे कहूँ?’
‘कुछ तो कहो!’
‘क्या फायदा?’
‘शायद करूँ कुछ!’
‘अब तक किया क्या?’
‘हर्ज़ क्या है?’
‘स्वयं बूझो!’

‘तो चलूँ मैं?’
‘शीघ्रता क्या?’
‘वोट दर-दर माँगना है।’
‘ठीक है तब।’
‘चलो तुम भी!’
‘कहाँ इन हालात में!’
‘क्यों हुआ क्या?’
‘यह समय ही बतलाएगा।’

‘तो मान लूँ गद्दार हो?’
‘अब हुआ खुदमुख़्तार हूँ।’

'कैसे चुगद हो!'
'आप भी कितने प्रमद हो!'
'बाद में बतलाऊँगा!'
'वह वक़्त अब आना नहीं!'
'बदलाव यह कब आ गया जाना नहीं!'
'अजी! मेरी बात ही अब छोड़ दो,
हैरत है तुमने देश का भी दर्द पहचाना नहीं।'

अनहोनी

किसी अनहोनी की आशंका
हर तरह की होनी से अधिक बेचैन करती है।

होनी आती है अक्सर
अपने तयशुदा वक़्त पर
खुशियों का प्रतीक बन कर
हँसने–मुसकराने अथवा
ठहाके लगाने के तमाम अवसर पैदा करती हुई,
या फिर कभी–कभी
पीड़ा एवं अवसाद की चुभन बन कर
सीने पर दु:खों एवं तकलीफों के पहाड़ जमाती हुई।

अनहोनी के आने का
कोई वक़्त या ठिकाना नहीं होता
पहले से कुछ पता नहीं होता कि वह कब आएगी,
वह तो बस बिजली की तरह
कड़ककर आ गिरती है सिर पर अचानक
आस–पास सभी कुछ
तहसनहस–सा करती हुई पल भर में।

रणभूमि

इतना ज्यादा शोर कभी नहीं था नेपथ्य में,
इतने मूक कभी नहीं थे लोग
घावों पर नमक छिड़के जाने के बावजूद,
इतनी गहरी कभी नहीं थीं चालें अपने ही नुमाइन्दों की,
इतने मुश्किल और निरर्थक कभी नहीं थे आपस के संवाद,
जबकि हक़ीकत यही है कि पहले कभी नहीं उपलब्ध रहे
एक-दूसरे को समझने-समझाने के इतने सारे माध्यम यहाँ।

कितनी बार सोचा था मैंने कि
इस बार नहीं फिसलने दूँगा मुट्ठी से
पिछले जाड़े में समेटी गयी सूरज की गरमी,
कितनी बार तय किया था मैंने कि
अब फिर से नहीं होने दूँगा अपने खेत की लहलहाती फसलों को
किसी सूदखोर महाजन के नाम गिरवी,
कितनी बार लगा था मुझे कि अब तो निश्चित ही
अपनी शब्द-ज्वाला से दहन कर दूँगा मैं
अन्याय और आतंक की दिनो-दिन समृद्ध होती लंका को,
किन्तु कुछ ऐसा ही हो जाता है हर बार कि
जैसा चाहता हूँ वैसा कुछ भी नहीं हो पाता यहाँ,
और ऐसा मेरे साथ ही नहीं
शायद तुम्हारे साथ भी तो ऐसा ही होता है मेरे समचिन्तक मित्रो!
क्योंकि प्रायः हम अकेले-अकेले ही ठाने रहते हैं
ऐसा कुछ महत्त्वपूर्ण काम करने की
और अभिमन्यु की तरह हमेशा ही वीरगति को प्राप्त हो जाते हैं

विपक्षियों के सम्मिलित रूप से रचे गये चक्रव्यूह में।

कुछ भी हो मित्रो!
इस तरह की हार के सिलसिलों का भी
अपना ही एक ऐतिहासिक योगदान होता है
और इस तरह की शहादत से उद्वेलित हो कर ही तो
नये संकल्पों के साथ उतरते हैं हर बार रणभूमि में
अपने-अपने समय के महाभारत के वीर अर्जुन बन कर।

नैनीताल

पूरे पचीस साल बाद पहुँचे जब हम नैनीताल में इस बार
तो एक-ब-एक फिर से समा गयी
नैनी झील की तरलता मेरी नस-नस में
उसे निर्निमेष ताकती हुई मेरी प्यासी आँखों की डगर,
फिर से सिमट आए मेरी बाँहों में
देवदारु के तने झुरमुटों के कारण कुछ ज्यादा ही नुकीले लगते
उचकते से हरे-भरे पहाड़,
फिर से भर गया मेरे मन में नास-रन्ध्रों की राह से घुस कर
पहाड़ी पुष्पों के पराग से पगे पवन का प्रेमोत्तेजक प्रमाद।

मैं पहले की तरह ही ठगा-सा देखता रह गया
माल रोड के और अधिक रंगीन हो गये नज़ारों को,
किसी अदृश्य आकर्षण से बँधा खिंचता चला गया मैं
हर उस जगह, जहाँ-जहाँ से जुड़ी थीं मेरी पुरानी स्मृतियाँ,
मल्लीताल की बाल मिठाई, जहूर भाई की दूकान,
पुराने सचिवालय का पार्क, एम एल ए क्वार्टर्स,
ब्रुकहिल कॉलोनी, ए टी आई, सूखाताल,
और फिर से मन किया कि लपक कर चढ़ जाऊँ
अपने आसन्न बुढ़ापे की बढ़ती अशक्तता को ललकारती चाइना पीक पर
जी भर कर निहारने के लिए नन्दा देवी की बर्फीली चोटियों को,
वहाँ से बस पक्षियों के आकार भर की दिखती हैं
नैनी झील में तैरती तमाम नावें,
और झील तो बस ऐसी दिखती है जैसे
पहाड़ों का त्रिकोणीय हृदय अवस्थित हो
उनके वक्षस्थल के बीचो-बीच

खुलेआम मचल-मचल कर धड़कता हुआ
और हमारी भी धड़कनों को अनवरत बढ़ाता हुआ।

पर ऐसा भी नहीं है कि
कुछ भी न बदला हो नैनीताल में इन पचीस वर्षों में,
बहुत से देवदारु-गुल्मों की जगह ले ली है अब कंक्रीट के भवनों ने,
बहुत सी खरोंचें बनाई हैं इस हिमगिरि-सुन्दरी के नाभि-स्थल पर
यहाँ आ बसे कामातुर वहशियों ने,
इन बलात्कारियों के स्खलित वीर्य के कचरे से
पटा जा रहा है दिन पर दिन इसका झील रूपी गर्भाशय,
गज़ब का व्यापार बढ़ा है यहाँ
इस रूपसी क़ी कांचन-कटि को गिरवी रख कर,
शरीर की किंचित् उभरी नाज़ुक रुधिर-नलिकाओं रूपी सड़कों पर
रात-दिन चढ़ती-उतरती हजारों गाड़ियों की रक्तचाप-वर्धक धमधमाहट
व्यथित करती है इसे अनवरत
बदन पर रेंगती काम-पिपासुओं की अँगुलियों के नाखूनों की चुभन की तरह,
यह सब कुछ देख कर
कुछ समय के लिए मुझे ऐसा भी एक अहसास हुआ कि जैसे
पचीस साल बाद अचानक मैं भी शामिल हो गया हूँ आ कर
सामूहिक बलात्कार के बाद उन्मत्त हो
पीड़िता के भग-तटों पर ही नृत्योल्लास करती
काम-पिपासुओं की किसी भीड़ में।

इस सारे बदलाव के बीच
वे भी मिले पचीस साल बाद नैनीताल में
जिनके बिना नहीं कटता था एक भी दिन चैन से इस शहर में,
मेरे लखनऊ के हॉस्टेल के दिनों का प्यारा साथी नरेश पन्त
जिसने जमा ली है अब अपनी वकालत
यहाँ के नवगठित उच्च न्यायालय में
और जिसके दो खूबसूरत और होशियार बच्चों ने
खोज कर मुझे फेसबुक पर
वर्षों बाद फिर से जोड़ दिया था हमें आपस में पिछले साल,
थिएटर को समर्पित ज़हूर भाई तो व्यस्त थे कहीं पहले की तरह ही

और मिलना ही न हो सका उनसे वहाँ के दो दिनों के प्रवास में,
निर्मल पांडे और विनोद तिवारी तो खैर अब स्मृतियों में ही जीवित हैं
उनकी मधुर मुलाकातों को बस मन ही मन नमन किया मैंने।

मेरे अभिन्न मित्र गम्भीर सिंह पालनी का चेहरा
इस बार भी लगा मुझे उतना ही सरल, किन्तु गम्भीर
जितना हुआ करता था वह
जीवन-संग्राम में घिर कर
समय-समय पर उनके घायल हो जाने के पहले,
जाने कौन से पिटारे से खोज कर एकाएक
पेश कर दी उन्होंने हमारे सामने
पचीस साल पहले हमारे परिवार के साथ स्टूडियो में खिंचवाई गयी
अपनी एक श्वेत-श्याम तस्वीर
जिसे देख कर स्मृति के आनन्दाश्रुओं से डबडबा उठीं
हम दोनों की आँखें एक साथ
फिर जी भर कर फोटो खिंचवाईं हमने उनके घर की छत पर चढ़ कर
झील को अलग-अलग कोणों से अपनी पीठ पर टाँग-टाँग कर
और परिवार के हर एक सदस्य को फ्रेम के भीतर समेट-समेट कर
ताकि सनद रहे कि हम फिर से मिले थे
इस शहर की रंगीनियों के बीच इतने साल बाद
और इन्तज़ार कर सकें हम उस दिन का
जब कभी फिर से मिल सकेंगे हम इस खूबसूरत शहर में
खँगालते हुए इन चित्रों को अपने कम्प्यूटर की फाइलों में
भले ही वह दिन आए फिर इसी तरह कई वर्ष गुजर जाने के बाद।

अगर अब इस बार की तरह ही
फिर यहाँ आने के लिए किया हमने
अपनी नैनीताल छोड़ने की स्वर्ण जयन्ती के आने का इन्तज़ार,
तो शायद तब तक न तो हम ही जीवित रहेंगे इस दुनिया में
फिर से देखने को इस खूबसूरत झील वाले शहर को
और न तब तक यह झील ही शायद बची रहेगी इस दुनिया में
यहाँ के कुछ भोगातुर कुकर्मियों की कृपा से।

पेड़ का भवितव्य

पानी जड़ों तक पहुँच नहीं रहा था
क्योंकि बारिश बहुत हल्की थी
ऐसे में पेड़ को तो सूखना ही था।

पेड़ अभी तक बचा हुआ था
किसी तरह,
क्योंकि वह फिलहाल
बीच-बीच में पड़ रही
फुहारों की सरसता का मज़ा लेता रहा है,
पूरा आस्वादन करता हुआ
अपनी क्षणिक जीवन्तता का।

पेड़ बहुत पुराना था,
अपनी पल्लवन और प्रजनन की क्षमता का
पहले ही पूरा दोहन कर चुका था वह,
एक जमाने से ढेरों बीज उपजा कर भी
नहीं पनपा सका था वह कहीं भी
अपने जैसे पेड़ों का कोई सदाबहार सघन वन,
जिससे न रह जाता कहीं कोई ख़तरा
उसकी प्रजाति के विलुप्त हो जाने का, और
होती भी रहती हर साल झमाझम बारिश
करने को सदा ही उसकी जड़ें अभिसिंचित।

पेड़ की जड़ें शनैः-शनैः सूखती जा रही हैं

उसके मोटे तने में नहीं हो पा रहा अब
उन पोषक तत्त्वों का भरपूर प्रवाह
जिनसे मिलती रहती उसकी हर एक फुनगी को
पल्लवित और पुष्पित होने की शक्ति।

पेड़ शायद अपने ही अहं और
आत्ममुग्धता का शिकार है,
वनों के भविष्य से
उसने खुद ही तोड़ लिया है नाता
ऐसे में सूख कर मिट जाना ही
इस पेड़ का भवितव्य है और
इसकी प्रजाति का विलुप्त हो जाना भी
प्रकृतिचक्र की अनिवार्यता।

वृक्ष

वृक्ष!
तुम्हें जरूरत तो होगी ही!
क्यों न तुम
मेरी यह देह झुलसाती धूप ले लो!
मेरे द्वारा उत्सर्जित
यह सारी अपवायु ले लो!
और तुम्हें जरूरत न हो तो
भले ही तुम यह सब न लो, वृक्ष!
किन्तु मुझे तो तुम जीने के लिए
थोड़ी सी छाँव दे ही दो!
थोड़ी प्राणवायु दे ही दो!
ऊर्जा के लिए भोजन दे ही दो!

लेकिन क्यों माँग रहा हूँ तुमसे यह सब?
आखिर किस हक़ से?
जब मैंने अपने तरह-तरह के स्वार्थों की पूर्ति के लिए
सदा ही उखाड़ी हैं तुम्हारी बाँहें
सदा ही नोचे हैं तुम्हारे रोम-रोम
सदा ही छीने हैं तुम्हारे आभरण-पुष्प
सदा ही काटा है तुम्हारा मेरु-दंड
सदा ही सुखाई है तुम्हारी जड़ों की मिट्टी,
तो फिर किस प्रत्याशा में माँग रहा हूँ तुमसे यह सब आज
क्या अपना जीवन बचाने की उत्कंठा में?

मेरी अब तक की इस घोर कृतघ्नता के लिए
मुझे क्षमा कर दो वृक्ष!
मुझे कोई हक़ नहीं जीने का
तुम्हारे बिना अब इस धरती पर।

कवि ओ.एन.वी. कुरुप्प भी नहीं बहाएँगे आँसू

भूमि की मृत्यु आसन्न मान कर
उसके लिए मरण-गीत लिख डाला
कवि ओ. एन. वी. कुरुप्प ने
क्योंकि उन्हें विश्वास था कि
नहीं जीवित बचे रहेंगे वे
भूमि की मृत्यु की उस घड़ी में
विलाप करने के लिए।

किन्तु क्या जगा सके वे
भूमि को मौत के मुँह की ओर धकियाते हुए
हम भोगासक्त, मरणातुर भू-पुत्रों में
कोई भी पश्चात्ताप या पुनश्चिन्तन का भाव?

कैसे हो चले हैं हम,
रवि-चन्द्र उदयाकांक्षी,
प्राची की ऊर्जाओं से प्रेरित भारत-जन,
सूर्यास्त पर जागने व चन्द्रास्त पर सोने के आदी?
पश्चिम के रक्ताभ आकाश के पुजारी?
यह कैसा विद्रूप है?
यदि यह प्रतिकार है,
तो किस पर हो रहा प्रत्युपकार?
या फिर आग में कूद पड़ने को आतुर पतंगों जैसी
बस एक अन्धी दौड़?

भूमि की आसन्न मृत्यु के प्रति
कवि द्वारा चेताए जाने पर भी
निश्चेत बने रहने की ही ठाने भू-पुत्रो!
डूब मरो लिप्सा के इस चुल्लू भर पानी में!
इस मरणासन्न भूमि के लिए
दीर्घ-काल से आँसू बहाने वाले
कवि ओ.एन.वी. कुरुप्प भी नहीं बहाएँगे
अब एक भी बूँद आँसू
तुम्हारी इस आत्महत्यापरक निश्चेतना पर।

शिकारगाहों में तब्दील गाँव

मेरे देखते ही देखते
पिछले पचास सालों में
एक अजीब-सी शिकारगाह बन गया है हमारा गाँव
और हमारा ही गाँव क्यों
शायद ऐसी ही एक शिकारगाह में तब्दील हो चुके हैं
इस देश के कोने-कोने के तमाम बड़े-छोटे गाँव।

पहले आया वन-नाशीकरण
फिर संरक्षण का वीरप्पन
मंडलीकरण सबको भाया
लूटा जिसने जो कुछ पाया

फिर भूमंडलीकरण आया
सस्ते में सबको निपटाया
शहरों में माल खुले ऊँचे
गाँवों में ई-चौपाल खुलीं
चीनी बैटरी, दीये, झालर,
पिचकारी, कपड़े, मोबाइल फोन
गाँवों के नुक्कड़ तक छाये
यह भी है कितनी अजब बात
बहुराष्ट्रीय भारत आये
भारत वाले विदेश भागे
उत्पादन में संकट छाया।

अब विकृतीकरण समाया है
जिसकी मर्जी जो कुछ नोचे
जीवन या मौत खुला बेंचे
मिट्टी, बालू, मौरंग, पत्थर
खोदें सपूत ही गाँवों के
बिजली, कोयला, तेंदूपत्ता
सबकी चोरी अब जायज है।

सिर कटे गाँव, ये लुटे गाँव
जातीय तौर पर बँटे गाँव
छाती नुचवाए, ठगे गाँव
भू-स्वत्व लुटाए, बिके गाँव
हिंसा-प्रतिहिंसा में लिथड़े
थाने के द्वारे टिके गाँव
प्रतिबन्धित दारू-द्रव्य-दवा में लिप्त
जवानी-छिने गाँव,
इन विकृतियों से मुक्ति कहाँ
इन पर किसका है ध्यान यहाँ
सब तो अपने में मुखिया हैं
रोकें जो वे परधान कहाँ?

वन-नशीकरण या संरक्षण
मंडलीकरण या जातिवाद
हिन्दुत्ववाद या सेक्युलरिज़्म
वैश्वीकृत अर्थ-व्यवस्था या
बहुराष्ट्रीय कम्पनियों को
किस-किस को कोसा जाय आज
अब तो हम अपने ही दुश्मन
सब अपनी ही मजबूरी है
अपने ही तरकस-तीर यहाँ

अपनों की जेब में छूरी है
सब धार किए पैनी बैठे
देखें आगे क्या होता है?

पिछले पचास वर्षों से गाँव
निशाने पर रहा है सदा बाहरी शिकारियों के
लेकिन अब तो गाँव के भीतर ही कितने सारे निशानेबाज़ हैं
बलिहारी इन निशानेबाजों की,
अब कोई भी शिकार बचा ही नहीं रह सकता
घर के ही शिकारियों से पटी गाँवों की इन शिकारगाहों में।

बित्ता भर धूप

संचित यह ठिठुरन है
मौसम भर की
कँपकँपाती तन–मन।

धूप है बस बित्ता भर,
दोनों हाथ समेटने पर भी
मुट्ठी तक न गरमाए।

कैसे कटे जीवन अब?

सक्षम है धूप यह
ओस की बूँद को सुखाने की तरह
बस प्राणों को उड़ा कर ले जाने में ही।

पत्ता भर छाँव

चिलचिलाती धूप है यह
आत्माहुतियों से सेवित
अग्नि–दाहों से उपजा
जमाने भर का संचित ताप समेटे।

सामने बस पत्ता भर छाँव है
सुलगते चूल्हे पर
धूमाक्रमित आँख से टपकी
आँसू की एक बूँद जैसी
निष्फल आश्वासन देती।

मेरे भस्मावशेषों को
समेटने तक के लिए भी
जरूरत भर की शीतलता न दे पाएगी
आसमान से उतारी गयी
सुख की पत्ता भर छाँव यह।

खुला आकाश

मेघाच्छादित अम्बर में
नहीं होते दृष्टिगत
चाँद, तारे व उल्काएँ
छिप जाता प्रखर रवि भी
नहीं हो पाती रंगों की पहचान तक
निरावृत्त आकाश में ही तो
होते सभी आभामय।

खुले आकाश से ही तो मिलते हैं
हमारी आँखों को
उजालों के सन्देश।

चलो तेज करें अब
विचारों की आँधियों को
ताकि उड़ जाएँ उनके संग
जड़ता के काले मेघ, और
खुला-खुला बना रहे सदा
हमारे मन का आकाश।

इन्द्रधनुष

सतरंगी सपनों का स्वामी बन
उम्मीदों की किरणों के संग उदित हो
आकाश में आर्द्रता के उद्‌बुदों पर तन कर
हमें निराशा के पंक में डूबने से बचाता है
इन्द्रधनुष!

जीवन का गहरा अवसाद मिटा
धरती से अम्बर तक
जिजीविषा का एक अद्‌भुत सेतु सजाता है
इन्द्रधनुष!

टूटे छप्परों की साँसों और
सूखे दरख़्तों के पीछे से भी
कितने सुन्दर अहसास जगाने वाला होता है,
इन्द्रधनुष!

पुनश्च

पुनश्च रोता हूँ
प्राप्त दुखों के लिए,
उससे भी ज्यादा
अप्राप्य सुखों के लिए।

पुनश्च हँसता-मुसकराता हूँ
प्राप्त खुशियों के लिए,
प्राप्य सुखानुभूतियों के लिए,
लेकिन शायद ही कभी खुश होता हूँ
अब तक अप्राप्त दुःखों के लिए।

अनवरत जारी रहना है
सुख-दुःख का आना-जाना
बदराए दिन में
धूप-छाँव की भाँति,
यह बात अच्छी तरह जानते हुए भी
कैसी विडम्बना है कि
पुनश्च जारी रहता है निरन्तर
हमारा रोना-हँसना-मुसकराना,
साथ में यह भी कि
प्राप्त व प्राप्य सारे सुखों की खुशी
पल भर में ही भुला कर
लम्बे समय तक उद्यत रहता हूँ रोने को
किसी एक छोटे से दुख के लिए।

पुनश्च,
यही लगता है मुझे कि
समझ नहीं पाया शायद ठीक से
जीवन का गणित अनोखा अभी तक
दो और दो चार का जोड़ लगाते-लगाते।

कविता के नये रस-सिद्धान्त

आलोचकों द्वारा वर्षों पहले
कपाल-क्रिया कर दिए जाने के बावजूद
पुनर्जीवित हो उठती है कविता आजकल
प्रायः यहाँ-वहाँ
भिन्न-भिन्न संवेदनाओं व सरोकारों के साथ
नूतन बिम्बों, भाषाई प्रयोगों व शैलियों से सम्पुष्ट होकर
अभिनव सौन्दर्य-बोध का परिचय कराती हुई सी
समय की माँग है कि
आज की इस कविता के लिए
रचे जाएँ अब नये सिरे से रस-सिद्धान्त।

भला बताओ कि
क्या जरूरत है आज वीर रस की?
जब युद्ध के मैदान में दागी जानी हैं बस
मिसाइलें व मशीनगनें ही
और किए जाने हैं हमले बस मानव-रहित विमानों से ही
तथा सिद्ध करने को अपना पराक्रम व शक्ति
बस रखे रहनी है हमें एक अँगुली अपनी
परमाणु-बमों के रिमोट-ट्रिगर पर,
वीर रस की जगह आज शामिल किया जाना चाहिए
यान्त्रिक अथवा अमानुषिक शौर्य रस को
नयी काव्य-रस-सिद्धान्त-मीमांसा करते समय।

सोचो कि आज क्या जरूरत है

शान्त रस की?
जब बढ़ती आबादी और प्रौद्योगिकी ने
छोड़ा ही नहीं है विश्व को इस लायक कि
घने जंगलों तथा दुर्गम हिम-शिखरों पर भी
मिले किसी को ज़रा-सी भी आत्म-शान्ति,
आज शान्त-रस की जगह
कविता में परखे जाने चाहिए बस
विक्षोभ अथवा असन्तुष्टि रस के तत्त्व।

इसी तरह कोई विशिष्टता नहीं लगती आज हमें
रौद्र या वीभत्स रस के बारे में बात करने में
क्योंकि आज तो दुनिया में
हर एक इनसान का चेहरा ही
धारे रहता है रौद्र रूप,
हर एक बात ही आज
लगती है हमें परम वीभत्स
तथा हर एक दृश्य ही अब होता जा रहा है
भयानक से भयानकतम,
कुछ हमारी करतूतों की वज़ह से
तथा कुछ-कुछ प्रकृति के बिगड़ते मिज़ाज के कारण।

आज कुछ अजीब-सा ही लगता है आलोचकों को
अगर कविता में कहीं भूले से भी टपक जाती है कुछ सौम्यता
बिम्बों में कहीं झलक जाती है थोड़ी-सी भी अभिरामता
तथा दृश्यांकन में कहीं जरा-सा भी
अभिव्यंजित हो उठता है कुछ सुन्दर व मनोरम-सा।

आज करुण रस नहीं उपजाता आर्द्रता तमाम आँखों में,
आज हास्य तो सीमित है
मंचीय कविताओं अथवा टेलीविजन के फूहड़ सीरियलों तक ही,
कन्याभ्रूण-हत्याओं में संलग्न इस देश में

दिनों-दिन खाली होता जा रहा है वात्सल्य का कटोरा भी,
'शीला की जवानी' व 'चिकनी चमेली' के दीवाने इस देश में
श्रृंगार की तो बात ही करना फिजूल है,
संयोग में निरत होना
सरोकारों से दूर होना है यहाँ
और वियोग की चर्चा करना
भावातिरेक के महारोग का मरीज बन जाना।

चलो अब पहचानने की कोशिश की जाए कि
वे कौन-कौन से रस आ समाये हैं आज की कविता में
जिन्हें पहले के आचार्यों ने ठहरा दिया था बेकार व विरस,
शायद ऐसे रसों की अनुभूति हो सकेगी आज हमें
उन कविताओं में
जो उभर रहीं हैं चारों तरफ से
अपना सब कुछ खो कर
हाशिये पर जीने को मजबूर
मानव-समूहों के तृषित कंठों से
कुछ-कुछ कराहने जैसे व कुछ-कुछ हुंकार भरे स्वरों में डूबी।

ऐसे ही बेढंगे रस भरे हैं आज
उन कविताओं में भी
जो पैदा हो रही हैं खीझ कर सर्वत्र
तथाकथित विकास की अन्धी दौड़ में नीचे गिरे पड़े
लगातार लतियाए जा रहे लोगों की लाचारी के चलते,
अथवा उभरते वैश्विक बाजार की
सर्वग्रासी प्रवृत्तियों का निवाला बन कर
शनैः शनैः अस्तित्वहीन होती जा रही
पारम्परिक उद्यमिता की मरणान्तर पीड़ा को भोगते हुए,
या फिर भ्रष्टाचार, शोषण, बेईमानी व विस्थापन के शिकार
देश के करोड़ों हताश युवाओं के
कुंठित व उद्वेलित मस्तिष्कों की नसों के बढ़ते तनाव की बेचैनी से।

कैसे मान लूँ

'मान लो मित्र कि धरती गोल है।'

'कैसे मान लूँ?
जब कि मैं रोज इसकी सपाट सतह पर मीलों चलता हूँ
इसके समतल खेतों में उपजाता हूँ धान, गेहूँ,
मैं तो उसी को सच मानूँगा न
जो मुझे प्रत्यक्ष दिखता है!
क्या सिद्ध कर सकते हो तुम यह बात कि धरती गोल है?'

'हाँ, वैज्ञानिकों ने तो इसे पूरी तरह से सिद्ध कर ही दिया है।'

'अच्छा चलो मान लिया।'

'यह भी मान लो मित्र कि
धरती घूमती है अपनी ही धुरी पर,'

'कैसे मान लूँ?
जब कभी नहीं दिखती यह मुझे हिलती-डुलती
क्या इसका भी कोई प्रमाण है तुम्हारे पास?'

'हाँ, कैसे होते हैं दिन व रात
इसका पता लगाते-लगाते
सिद्ध कर चुके हैं वैज्ञानिक इस बात को भी।'

'अच्छा चलो इसे भी मान लिया।'

'चलो, अब इसे भी सच मान लो मित्र कि
सूरज नहीं लगाता धरती के चारों तरफ चक्कर
बल्कि पृथ्वी ही करती है सूरज की परिक्रमा।'

'यह भी अजीब बात है
एकदम प्रत्यक्ष दिख रहे सत्य के विपरीत,
जब मैं रोज ही देखता हूँ
सूरज को पूरब में उदय होते और
शाम को पश्चिम में जाकर छिप जाते
तो कैसे मान लूँ कि
सच है तुम्हारा ऐसा कहना?'

'मगर ऋतु-परिवर्तन के अध्ययनों ने
सिद्ध ही कर दिया है मित्र कि
लगभग तीन सौ पैंसठ दिनों में
सूर्य के चारों तरफ एक चिपटी कक्षा में
पृथ्वी द्वारा एक चक्कर पूरा किए जाने के दौरान ही बनता है
धरती पर षड्-ऋतुओं का संयोग।'

'अच्छा चलो इसे भी स्वीकार किया।'

'चूँकि तुमने वह सब स्वीकार कर लिया है
जो वैज्ञानिक दृष्टि से सिद्ध हो चुका है अब तक,
अत: अब यह भी मान ही लो मित्र कि
ईश्वर का कोई अस्तित्व नहीं इस धरती पर
वह एक भीरु मन की परिकल्पना मात्र है।'

'क्या इसे भी सिद्ध कर चुके हैं हमारे वैज्ञानिक?

क्या नहीं रहा अब कुछ भी अज्ञात उनके लिए?
क्या उठा चुके हैं वे सारे रहस्यों पर से परदा?
क्या नहीं रही जरूरत अब और किसी गहरे अन्वेषण की इस बारे में?
अगर ऐसा हो चुका है तो बताओ मेरे दोस्त!
मैं तुम्हारी अन्य बातों की तरह
इस पर भी विश्वास कर लूँगा और
मान लूँगा यह बात कि ईश्वर का कोई अस्तित्व नहीं।'

'सच तो वैसे यही है मित्र कि
वैज्ञानिकों ने अभी तक
ईश्वर के अस्तित्व के बारे में
कोई भी पुष्टि नहीं की है।'

'तो फिर मित्र!
ऐसा कुछ सिद्ध हो जाने से पहले
मत छीनो उन लोगों से ईश्वर रूपी सहारे की लाठी
जिनके आँसू सुखाने और
जिनके सीने की आग बुझाने के लिए
विज्ञानी इनसानों की इस बस्ती से
किसी भी तरह के सहारे की कोई उम्मीद नहीं।'

'मित्र! जब तक यह सिद्ध न हो जाय कि
ईश्वर का कोई अस्तित्व नहीं
तब तक ऐसे ही संचालित होने दो
दुनिया का समस्त इनसानी कार्य-व्यवहार,
आस्था और विश्वास की किसी डोर में बँध कर
आखिर तब तक बचे तो रहेंगे हम
इनसानों को बस एक मशीन भर मानने से और
'ईश्वर अंश जीव अविनाशी' की धारणा के सहारे ही सही
तब तक भरते तो रहेंगे हम

इनसानियत के खाली होते जा रहे कटोरे में
एक-दूसरे के प्रति कहीं कुछ भरोसा और सहानुभूति,
भले ईशत्व के सहारे अमरत्व पाने की अभिलाषा में ही सही।'

क्या संसार मिथ्या है

सुबह-सुबह टहलते समय
एक मित्र ने मुझसे पूछा,
'कहा जाता है,
यह संसार मिथ्या है,
यह एक ऐसे स्वप्न की तरह है
जो हमें प्राय: सच लगता है
इस बारे में आपका क्या विचार है?'

मैं कुछ उत्तर दे पाता
उसके पहले ही
साथ चल रहा दूसरा मित्र बोला,
'छोड़ो यार!
जाने दो इन फालतू बातों को!
सुबह-सुबह इनके लिए माथा क्यों खराब करना?'

मैं प्रश्न का उत्तर दिए बिना ही आगे बढ़ गया,
लेकिन प्रश्न तो जैसे
बरसात की चुप्पी में समाहित उमस-सा
पीछा ही नहीं छोड़ रहा था मेरा।

मैंने अपने विचारों को हवा दी तो
थोड़ी-सी राहत मिली चिपचिपी से,
सम्भावित उत्तरों के अरण्य में घुस कर
खोजने लगा मेरा मन

उस सदाबहार कल्पतरु को
जिसकी सघन छाँव में बैठ कर
किया जा सके मेरे द्वारा
अपनी तमाम जिज्ञासाओं का समाधान,
लेकिन सरलता से कहाँ होना था ऐसा?
पूरा दिन ही लगा रहा मैं विचारों की उधेड़-बुन में।

मनुष्य के विचार डोलते ही रहते हैं
घड़ी के पेंडुलम की तरह
तर्कों के संवेग से उत्प्रेरित हो कर
कभी इधर तो कभी उधर,
समय के प्रवाह के साथ ही
बदलती रहती है
तर्कों की पृष्ठभूमि भी
और वैचारिक अन्वेषणों के परिणाम भी,
निरन्तर चलता रहता है यहाँ
सही को गलत ठहराना और गलत को सही,
ऐसा कम ही होता है यहाँ कि
सही को सही ही कहा जाए और गलत को गलत।

अगले दिन मेरा मन किया कि
दौड़ कर फिर पकड़ूँ उन मित्रों को
प्रातःभ्रमण के समय
और चिल्ला-चिल्ला कर उनसे कहूँ,
'मनुष्य का मन होता ही ऐसा है कि
उसे जो कुछ सामने दिखता है
वह छलावा लगता है
और जो सामने नहीं दिखता
वही आकर्षक एवं हासिल किए जाने योग्य।

इसलिए,
अगर मन की बातों पर भरोसा करोगे
तो यह संसार मिथ्या ही लगेगा—
एक ऐसे स्वप्न की तरह
जो समय के तात्कालिक सन्दर्भ में
सचमुच घटित होता दिखाई देता है हमारे सामने,
किन्तु समय की अनन्त यात्रा के परिप्रेक्ष्य में
एकदम नश्वर लगता है—
नींद खुलते ही अचानक गायब हो जाने वाला,
लेकिन, अगर इन्द्रियों पर विश्वास करोगे
तो फिर यह सृष्टि ही लगेगी एकमात्र शाश्वत सत्य
और लगेगा कि मनुष्य ही है इसका सर्वश्रेष्ठ नियन्ता
ग्रह-ग्रहान्तरों तक अपनी शक्ति के प्रदर्शन में लगा हुआ।

आज अधिकांश लोगों का मानना है कि
जगत मिथ्या नहीं—
यह एक यथार्थ बन कर उपजा है
जटिल रासायनिक प्रक्रियाओं के माध्यम से,
और यह कैसे प्राप्त कर सकता है चिर-यौवन
इसी खोजबीन में जुटी है आज अधिकांश दुनिया।'

सच्चा प्रेम

प्रेम का दीप शाश्वत जगमगाता है हृदय के कोटर में
बाहर कितना ही अन्धकार फैला हो निराशा का

सच्चा प्रेम भूखा नहीं होता प्रत्यानुराग का
सच्चा प्रेम विकल भी नहीं होता प्रकट होने के लिए

विषम परिस्थितियों में प्रेम निःशब्द छुपा रहता है
हृदय के भाव-संसार में
किसी अनकही कविता की उद्विग्न पंक्तियों की तरह

सच्चा प्रेम समेटे रहता है
अपनी सारी मादकता व सृजनात्मकता भीतर ही
खिलने को बेताब किसी फूल की कोमल कली की तरह

सच्चे प्रेम को दरकार नहीं होती
प्रस्फुटन की प्रतीक्षा के पूर्ण होने की
वह सन्तुष्ट रहता है गूलर की कलियों की तरह
देह के भीतर ही भीतर खिल कर भी

यह जरूरी नहीं होता कि सच्चा प्रेम
दीवानगी का पर्याय बन कर सरेआम संगसार ही हो
वह सारे आघात मन ही मन सहता हुआ
अनुराग की प्रतिष्ठा की वेदी पर प्रायः
अपना सर्वस्व न्यौछावर कर देता है

सच्चा प्रेमी वही होता है जो
अपने सारे विषाद को भीतर ही भीतर पचा कर
नीलकंठ की भाँति इस दुनिया में सबके लिए
एक कतरा मुसकान बाँटता फिरता है।

प्रेम-यात्रा

अचानक ही तो मिले थे हम दोनों
समय और संस्कारों की यात्रा में
प्रेमी के रूप में नहीं, किन्तु लक्ष्य तो प्रेम करना ही था,
प्रेम किया भी हमने गहराई में डूब कर
भले ही बरसों की इस यात्रा में
लगा हो हमें कि उतना नहीं कर पाए हम प्रेम एक-दूजे को
कि जितना कर सकते थे औरों को यह कहने का मौका देने के लिए—
'देखो, इन्हें देखो और सीखो इनसे प्रेम करना।'

हमारे प्रेम की इस लम्बी यात्रा में
आते ही रहे सलोने मधुमास समय-समय पर सज-धज कर
और रस-रंग छीनते पतझड़ों के ऐसे दौर भी
जब भयभीत होते रहे हम यह सोच-सोच कर कि
बाहरी पल्लवों की तरह कहीं सूख तो नहीं जाएगा किसी दिन
हमारे भीतर सन्निहित प्रेम-द्रव्य भी,
लेकिन हर बार सहजता से बीत ही गये ऐसे संकटों के दौर सभी
और गाहे-बगाहे अँखुआती ही रहीं हमारे प्रेम के वृक्ष की टहनियाँ
नयी-नयी कोपलों से सजने का उपक्रम करतीं,
हम उम्मीदों के सावन में अँधराए हुए भले न थे
कि हमें चारों तरफ प्रणय-सुख के सब्ज़-बाग ही दिखते,
फिर भी
हम निराशा के मरुथल की मरीचिका में भटकने वाले भी कभी न थे
और इस लम्बी यात्रा में तमाम कड़वे अनुभवों के बावजूद
हम हमेशा प्रेम की मिठास का स्वाद भी चखते रहे लगातार।

हम कोई अजूबे प्रेमी नहीं थे
हम दुनिया के तमाम और सामान्य प्रेमियों की तरह ही
एक-दूसरे की बेज़ा हरक़तों को बेहद नाग़वार मानने वाले थे
हमने गुस्से में क्या कुछ नहीं कहा एक-दूजे को,
हमने नाराजगी होने पर कभी कोई कमी नहीं रखी
एक-दूसरे के प्रति बेरुखी का इज़हार करने में,
हम लड़े-झगड़े, रूठे-रोये,
पर हमेशा ही मना लिए गये एक-दूसरे के द्वारा
फिर से खिलखिला कर हँस पड़ने के लिए,
हमारा प्रेम विपरीत परिस्थितियों में जीवित रहा सदा
जमीन के भीतर दबी कन्दों की तरह
और अनुकूल समय आते ही बार-बार
लहलहा कर महक उठा रजनीगन्धा के पुष्प-दंडों की तरह।

उम्मीद है हमारे प्रेम की यह यात्रा
इसी प्रकार जारी रहेगी आगे भी,
हम समय की नदी में डूबते-उतराते
एक-दूसरे का हाथ थामे
यूँ ही बढ़ते चले जाएँगे दूसरे किनारे की ओर
यह पता नहीं कि उस दूसरे किनारे पर पहुँचेंगे हम दोनों
किन्हीं आदर्श प्रेमियों की तरह साथ-साथ
या फिर जैसा होता ही है अक्सर इस दुनिया में
समय की इस विस्तृत नदी की क्रूर लहरों के प्रवाह में फँस कर
हम पहुँचेंगे वहाँ अलग-अलग वक़्तों पर
राह में एक-दूजे से मिले साथ व सहारे को याद करते हुए,
जो भी हो,
अपने प्रेम के प्रति इतना विश्वास तो होगा ही हममें,
और इतना नाज़ भी,
कि उस दूसरे किनारे पर पहुँच कर
हम एकबारगी इतना तो जरूर सोचेंगे कि
काश! अभी ख़त्म न हुई होती हमारी यह प्रेम-यात्रा।

जाम लगा है

मूसलाधार बारिश में
बहुत लम्बा जाम लगा है
हर सड़क पर दिल्ली की,
कार में बैठे-बैठे कुढ़ो मत यार!
खाते रहो चुपचाप मूँगफली,
सुनते रहो एफ एम रेडियो पर
भीगी-भीगी रातों के गाने,
फूँक कर ढेर सारा पेट्रोल
चलते रहो बस चींटी की चाल,
कभी न कभी तो
पहुँच ही जाओगे अपने मुक़ाम पर।

आक्रोश में मत कोसो
इनको, उनको,
जाम में फँसने की यह बिसात तो
हम सबने मिल कर ही बिछायी है।

जाम सिर्फ दिल्ली की सड़कों पर ही नहीं लगा है,
मुसीबतों के इस दौर में
भीतर ही भीतर घुमड़ कर
बरसते आँसुओं के बीच
जाम तो सीने के उन गलियारों में भी लगा है,
जिनसे गुज़र कर ही फैलती है

इनसानी रिश्तों-नातों की ख़ुशबू
इस पूरे शहर में।

आगे बढ़ने को आतुर है
बगलगीर की राह काटता हर कोई,
दूरदर्शन चैनल की तरह
रुकावट के लिए खेद
भी नहीं व्यक्त करता,
कैसे खुश होते हैं सब के सब
बढ़ते ही बस दो गज़ आगे
जैसे ही उनको लगता है
छूट चुके हैं पीछे ही, कुछ बड़े अभागे।

जाम लगा है सोच-समझ में,
जाम लगा है हाव-भाव में,
सड़कों तक ही सिमटी रहती
गलाकाट यह खींचा-तानी
तब तो कोई बात नहीं थी,
जकड़ चुकी है यह शरीर की
हर धमनी, हर एक स्नायु को,
फँसे विचारों के वाहन हैं,
जाम-ग्रस्त मन का हर कोना,
नस-नस में अब जाम लग रहा,
इस तनाव से कैसे उबरें?
कहाँ नियन्त्रण-कक्ष बनाएँ?

मच्छरों के बीच

क्या कहा जा सकता है
अगर आप आमादा हो जाएँ
रेलवे स्टेशन की खुली बेंच पर बैठ कर
मच्छरों से देह को नोचवाते हुए कविता लिखने पर,

ज़ाहिर है यह कविता
वर्षों पुरानी किसी प्रेयसी की याद में
लिखी जाने वाली कोई प्रेम-कविता तो होगी नहीं,
अपने प्रियतम की वापसी के इन्तज़ार में
घर में पलक-पाँवड़े बिछाए बैठी
किसी नव-व्याहता कामिनी के
ख़यालों से भी जुड़ी हुई नहीं होगी यह कविता,
यह प्रेमी-जनों की कल्पनाओं में रमे हुए
भविष्य के किसी सुनहरे सपने की कविता भी नहीं होगी

ऐसे में लिखी जाने वाली कविता
या तो मच्छरों के अनियन्त्रित रक्त-शोषण से जुड़ी हुई होगी,
या फिर इस बात से कि इन मच्छरों से मुक्ति कैसे पाई जाय,
या फिर इस यथार्थ से जुड़ी होगी कि
मच्छर अगर हैं तो नोचेंगे ही,
फिर क्यों न इन मच्छरों की प्रकृति से तादात्म्य स्थापित कर
एक ही समय पर, समान रुचि से,
अपनी देह को नोचवाते हुए तथा

दूसरों की देह के रक्त को चूसते हुए
जीने का कोई तरीका सीखा जाय?

जो भी हो
कुछ अलग अन्दाज़ तो होगा ही
मच्छरों के बीच बैठ कर
अपनी देह नोचवाते हुए लिखी गयी किसी कविता का।

विकल्प

मुझे अच्छे लगे घर के सामने खिले रंगीन फूल
मेरे पास दो ही विकल्प थे इन फूलों का मजा लेने के,
पहला यह कि तोड़ लूँ उन्हें, वंचित कर औरों को उनसे
और सजा दूँ उन्हें अपने किसी प्रिय गुलदस्ते में
या लगा दूँ करीने से उन्हें अपनी प्रेयसी के जूड़े में
या फिर अर्पित कर दूँ उन्हें कहीं अपनी किसी आस्था के नाम,
दूसरा यह कि
सजा दूँ ऐसे ही तमाम फूलों के सुवासित उपवन चारों तरफ
जिसमें अनुरक्त हो विचर सकें नित्य मेरी लालसाओं के प्यासे शलभ
और मिलता रहे औरों को भी इन फूलों के रस-रंग का मनचाहा सुख।

मैंने दुनिया की तमाम ऊँची दीवारों के भीतर
नित्य सजाए जा रहे गुलदस्तों और पुष्पालंकारों की ओर देखा,
मैंने दुनिया की तमाम जीवित व मृत नामचीन हस्तियों के गलों में
नित्य पहनाई जाने वाली मालाओं
और उनके हाथों में सौंपे जाने वाले पुष्प-गुच्छों की ओर देखा,
मैंने दुनिया में कारोबार के लिए नित्य इधर से उधर भेजे जा रहे
करोड़ों टन फूलों के शीतीकृत कंटेनरों की ओर देखा,
मैंने फूलों की क्यारियों में नित्य गुड़ाई-सिंचाई करते
दुनिया के करोड़ों मालियों के खुरदरे हाथों की ओर देखा,
मैंने मलयाली महाकवि अक्कित्तम की 'चकनाचूर संसार' कविता के
फूलों की ओर अपना काँपता हाथ पसारे
मासूम बच्चे के विदलित होते सपनों को देखा,

और मैं किसी एक विकल्प को चुनने की किंकर्तव्यविमूढ़ता में
हताश होकर बैठ गया।

सहसा मेरे भीतर का कवि जागा
और मैं सारी दुनिया के लिए शब्दों के फूलों का
वह उपवन सजाने में जुट गया
जो शायद मेरे लिए सबसे अच्छा विकल्प था,
मैंने इस उपवन को उजाड़ने वालों के खिलाफ
प्रतिरोध के उपाय करते हुए
नुकीले काँटे भी उगा लिये हैं अब अपने शब्द-सुमनों के चारों तरफ।

वसन्त

हर साल आता है वसन्त
ऋतु-सन्धि के रोमांच को बढ़ाता
पेड़ों पर नयी कोपलें सजाता
खेतों में पीली सरसों की चादरें लहराता
प्रणयी हृदयों को भरपूर गुदगुदाता
बाल-युवा-वृद्ध सब में
होली के रंगों में सराबोर होने की
उम्मीदें-आकांक्षाएँ जगाता।

चलो, मुट्ठी में भर लें कस कर
इस बार सज कर सामने आये
इस सलोने वसन्त को
अगली गर्मी, वर्षा व शीत को भी
निरापद बनाए रखने के लिए।

चलो, आँखों में समेट लें जी भर कर
वृक्ष-लताओं की पोरों पर
उमंग से भर कर कुचकुचाये
इस रंगीले वसन्त को
भविष्य की शुष्कता, उजाड़पन व ठिठुरन में भी
थोड़ी-सी जीवन्तता बचाए रखने के लिए।

मेरी प्रिय शोल़यार नदी

सतत सम्मोहित करती
बहती है वनान्तर में
मेरी प्रिय शोलयार नदी,
मानसूनी हवाओं-सी सरसराती,
सौन्दर्य की प्रचुरता से निज
करती स्तब्ध स्वयं प्रकृति को
पहाड़ों से उतरती अनवरत हहराती,
टकराती निरन्तर शिलाओं के वक्ष से
फिर भी लजाती-सी
लगातार इठलाती,
ढाँपती निज चिर यौवन यहाँ-वहाँ
सदाबहार वन-लतिकाओं के सुरम्य वल्कल से
मेरे उर-प्रांगण की सतत प्रवाहिनी,
भरती जाती है नित्य
मेरे इस शिथिल तन में
अपनी अनगिन धाराओं की अनन्त ऊर्जा,
जिनकी उथल-पुथल से उठती है
कल-कल-कल
अविरल,
निश्छल,
प्रतिपल करती विह्वल,
मन करता है
यूँ ही हो तरल धवल,
मैं भी इसके संग बहूँ विकल,

इसके प्रवाह में कुटी-पिसी,
आसक्त शिलारज-सा
लहरों में घुल-मिल कर,
उर के अन्तस् में छिप-छिप कर।

नारियल की देह

सुघड़ चिकने पय भरे फल
वक्ष पर ताने खड़ा
नवयौवना-सा
झूमता है नारियल तरु,
मेघ से रिमझिम बरसते
नीर का संगीत सुनता,
गुनगुनाता साथ में कुछ।

थरथराते पात भीगे
शीश पर लटके लटों से,
भर रही आवेश उनमें
छुवन बूँदों की निरन्तर,
पवन का झोंका अचानक
खींच लाया उसे मुझ तक
खुली खिड़की की डगर।

भींच कर स्निग्धता उसकी समूची
बाहुओं के पाश में निज
मैं चरम पर हूँ
परम उत्तेजना के,
निरत इस आनन्द में ही
उड़ गया कब संग पवन के
यह नहीं मालूम मुझको।

झूमता अब मैं वहाँ
उस तरु–शिखर पर,
भीगता लिपटा हुआ
उस नारियल की देह से।

रति-योग

पता नहीं क्यों
हमेशा नकारा गया है
रति-योग
शास्त्रों में,
जबकि सबसे ज्यादा ध्यानस्थ होते हैं
स्त्री-पुरुष
सम्भोग की मुद्रा में ही।

शायद इसलिए कि
शास्त्र-रचना
रही है हमेशा
उन्हीं के जिम्मे
हो चुके होते हैं जो
जीवन में विरति को प्राप्त।

प्रेम की मादकता के विविध रंग

(1)

ताजी उड़ेली गयी बियर में
जैसे सनसना कर लपकते हैं बुलबुले
गिलास की सतह से मुहाने की ओर
और खो जाते हैं हवा में
अपने स्वाद का एक लघु अहसास भरते हुए,
वैसे ही तुम्हारी याद आने के हर-एक क्षण में
उमड़ पड़ती हैं मेरे मन में
प्रेम की त्वरित तरंगें
उम्मीदों की सतह से
सनसना कर ऊपर उठती हुई
और विलीन हो जाती हैं
निराशा के अरण्य में सत्वर
माया-मृग के पीछे भागते किसी तीर की तरह।

(2)

जी करता है
तुम्हारी आँखों में लरजते गरम आँसुओं को
आनन्द-नीर की अजस्र-धार में बदलने के लिए
टपकने से पहले ही थाम लूँ
अपनी अँगुलियों की कोमल पोरों पर
ठीक उसी तरह सलीके से
जैसे कि बर्फ की क्यूब्स थाम लेती हैं
गिलास में उड़ेली गयी गरम शराब की धार को

उसमें एक उम्मीदों से भरी शीतलता घोल देने के लिए
ताकि उतर सके वह
तृषित कंठों से नीचे
घूँट-दर-घूँट भरती हुई तुष्टि एवं
जगाती हुई आह्लाद तन की पोर-पोर में।

(3)
रेड वाइन सिप करते समय
उससे भीगे तुम्हारे गुलाबी होंठ
कुछ वैसी ही गहरी लालिमा भरे हो जाते हैं
जैसे हो जाया करता है
तुम्हारे शरीर का कोई भी कोमल हिस्सा
लाल-कत्थई, रक्ताभ-सा
एक गहरा चुम्बन लेने के बाद,
शायद इसीलिए मुझे काफी सुकून मिलता है
तनहाई में तुम्हारी याद आने पर
गिलास को लबालब भर कर रेड वाइन पीने में,
एकदम तुम्हारे गुलाबी होठों का
एक प्रगाढ़ चुम्बन लेने की तरह।

(4)
प्राय: बिना कुछ पिये भी
तुन्हारे सम्मोहक मदिरा-पान की स्मृति में डूब कर
मेरा अंग-अंग रक्ताभ हो उठता है
मन ही मन इस बात से निरन्तर डरता हुआ कि
वंचित करने के लिए मुझे इस एकाकी रति-सुख से
कहीं तुम यह न घोषित कर दो कि
अब कभी नहीं लगाओगी तुम मेरे सामने
रेड वाइन के जाम को अपने होठों से
और मना कर दोगी मुझे भी
तनहाइयों के दौर में कहीं अकेले में बैठ कर

अपनी स्मृति का यह मादक मदिरा-पान करने से।

(5)
प्रेम की उन्मत्त नगरी में
कल्पनाओं के वातायन में बैठ कर
रूप की उत्तेजक मदिरा का
छक कर पान किया मैंने
बेसुध हो जाने के क्षणों तक,
मदहोशी में मान बैठा स्वयं को मैं
उस नगरी का सबसे पहला शहंशाह,
भूल गया कि
मेरे जैसे लौह-हृदय वाले
कितने ही आए होंगे मुझसे भी पहले
चुम्बक की तरह अपनी तरफ खींचती इस नगरी में
गगरी भर प्रेम-सुधा पीने
और वे भी बहके होंगे मेरी ही तरह
हर समय बखान करते
प्रेम-युद्धों में प्राप्त
अपनी काल्पनिक विजयों का।

(6)
प्रेम की आसक्ति में डूबी इस नगरी में
मेरे हृदय का कठोर लोहा
रूप की मदिरा की तपिश में गरम हो
तैयार बैठा है
कभी भी पिघल कर
मन की परिकल्पनाओं के अनुरूप
किसी भी नये आकार में ढल कर
प्रेम की किसी नयी जंग का
धारदार हथियार बन जाने के लिए।

अल्हड़ता

बरसात में उफनाती
सौ-सौ बल खाती,

तट-बन्धों को लाँघ-लूँघ
स्वेच्छा से यहाँ-वहाँ बह जाती,

प्रबल प्रवाह का प्रमाद समेटे
कभी आकर्षित, कभी अपकर्षित करती
लघुजीवी नदी होती है अल्हड़ता।

प्रेयसी

चम्पे की डार पर
पहली कली के खिलने की तरह,
उजाले की पहली किरण
सुबह-सुबह आँगन में पसरने की तरह,
शिशु-विहग के पंखों में
नवोन्मेष समाहित करने वाली
पहली-पहली उड़ान की तरह,
कमल-दलों की प्रातःकाल प्रस्फुटित होने वाली
भ्रमर-मोचक मुसकान की तरह,
अविस्मरणीय होती हैं
प्रेयसी से पहली बार होने वाले मिलन की यादें।

शीत के घने कुहासे को चीर कर निकलती
धूप में सन्निहित ऊष्मा की तरह,
पतझड़ की बेरंगीनियों से उबर कर
बासन्ती उत्तेजना में अँखुआती तरु-शिखाओं की नूतनता की तरह,
गरमी में सूख रहे ताल-तलैयों में छटपटाते दादुर-मीन शरीरों में
वर्षा-ऋतु की पहली फुहारों के संग समा जाने वाली तृप्ति की तरह,
अनूठा व रोमांचकारी होता है प्रेयसी का पहला-पहला स्पर्श।

सूर्यास्त के समय नीड़ों की ओर सत्वर वापस लपकते
विहग-वृन्दों के कलरव की तरह,
या फिर स्कूल की समाप्ति पर
दोस्तों के साथ कागज़ के जहाज उड़ाते

माँ के हाथों भोजन करने को आतुर
घर वापस लौटते बच्चों की किलकारिओं की तरह,
पुनश्च, लम्बे समय तक सीमा पर तैनात रहे फौजी की
घर वापसी के समय बढ़ जाने वाली हृदय की धड़कनों की तरह,
अनायास उपजी आतुरता एवं अतिरेक भरा होता है
प्रेयसी की ओर बढ़ाया गया किसी प्रेमी का पहला कदम।

प्रेमासक्ति

सारी इन्द्रियाँ जब
महसूस करें एक ही बात,

मन के सारे विचार जब
केन्द्रित होने लगें एक ही बिन्दु पर,

शरीर की सारी क्रियाएँ
उत्प्रेरित हों जब एक ही आशा में,

और वह भी किसी एक क्षण,
किसी एक दिन नहीं,
शाश्वत हो किसी के प्रति ऐसा लगाव,
तभी पूर्णता को प्राप्त होती है प्रेमासक्ति।

यादों का सावन

आज यह कैसी बरसात है!
जो लगातार भिगो रही है
अन्तर्मन की दीवारों को
और फिर उनमें से रिस-रिस कर
टपक रहा है अन्तर्जल
रह-रह कर आनन्दाश्रुओं-सा
आँखों की कोरों से।

मेरी स्मृतियों के आकाश में
तुम्हारी यादों का यह सावन
कहाँ से समेट लाया है
इतना सारा नेह-जल?
भावातिरेक की मुँडेर पर बैठ कर
भीगे कबूतर-सा सहलाता है
मेरा मन अपने गीले पंख
अनुराग के सन्देशों का
अर्थ तलाशता हुआ सा।

प्रेम की इतनी सघन आर्द्रता
नहीं देखी थी कभी मैंने,
महासागरों से वाष्पित हो कर उमड़े
मानसूनी बादलों में भी।

एक लम्बे अन्तराल के बाद

शुष्क जीवन के सारे अवसादों को भुला कर
फिर से नाच उठा है सहसा
मेरा मन-मयूर मस्ती से भर
स्मृतियों के आँगन में,
चंचल मनोवेगों की गति से गति मिला
अपने सजीले पंख लहराता हुआ।

आज न जाने अचानक कहाँ से
घुमड़ कर छाये यादों के इस सावन में
एक बार फिर उन्मत्त हो
प्रणय के आवेश में झूम रहा है
इन्द्रधनुष-सा रंगीला मन-मयूर
रिझाने के लिए व्याकुल हो
स्मृति-लोक में बसी अपनी मानिनी मयूरी को।

सच्चा सुख-बोध

प्रकृति की सर्वोत्तम संरचना होती है मनुष्य-देह,
मनुष्य-देह में सन्निहित होता है
सबसे निराला सा नैसर्गिक सौन्दर्य,
सौन्दर्य के प्रति ही जागता है
मन में आकर्षण सदा,
आकर्षण से ही उपजती है
अन्तस् में अनुरक्ति,
अनुरक्ति से ही सम्भव होता है
एक सृजनोन्मुख संसर्ग,
ऐसे संसर्ग में ही निहित होता है
एक सच्चा सुख-बोध,
और ऐसे सच्चे सुख-बोध में ही
छिपी होती है जीवन की पूर्णता की अनुभूति।

बिना ऐसे सुख-बोध की प्राप्ति के
बस एक आंशिक अनुभूति सा ही होता है
अवशेष सब कुछ महसूसना।

दुनिया में कितने ही प्रेमी-जन
जीते हैं जीवन भर
प्राय: इसी आंशिक अनुभूति के ही सहारे
क्योंकि,
या तो प्रेमी से संसर्ग ही नहीं हो पाता उनका कभी
गहरी अनुरक्ति होने के बावजूद,

या फिर जी भर कर अनुरक्ति ही नहीं होती
तमाम आकर्षण होने के बावजूद,
अथवा प्राय: आकर्षण ही नहीं महसूस होता
देह में अप्रतिम सौन्दर्य होने के बावजूद
और कभी-कभी तो ऊपर वाला भी
हद ही कर देता है
जब एक देह तो होती है हमारे पास
दूसरों जैसी ही
किन्तु सौन्दर्य नहीं होता उसमें
किसी को अपनी ओर आकर्षित करने लायक।

बड़ा ही अटपटा-सा रिश्ता होता है देह का
मन में महसूस की जाने वाली
सुख की अनुभूतियों के साथ,
कई दुर्गम द्वार पार करने के बाद ही
प्रवेश कर पाता है मनुष्य-मन
आनन्द-प्राप्ति के अनुष्ठानों का केन्द्र बने
उस गर्भ-गृह में
जहाँ पर होता है शाश्वत
नैसर्गिक सुख के दुर्लभ देवता का वास।

पवित्र सच

किसी स्त्री-पुरुष का
एक साथ सोना बिस्तर पर
रात भर
एक-दूसरे की गन्ध महसूसते हुए
पर मन की वर्जनाओं को
अतिक्रमित कर
न घुल पाना
एक-दूजे में
घी और शक्कर की भाँति,
लुढ़कते रह जाना विलग-विलग
पानी और पारे की तरह,
एक पवित्र सच होते हुए भी
सफेद झूठ-सा ही लगता है औरों को।

विरलों के पास ही होती है
भौतिक प्रेमालापों से परे
हृदय में अन्तर्निहित
अदृश्य आवेशों के
परस्पर आकर्षण व सम्मिलन को
परखने की दृष्टि।

चिड़िया

चिड़िया बड़ी आस लगा कर आयी थी
मीठे फल खाने का लालच मन में सँजोए
फिर से उसी पेड़ की डाल पर
जिसने कभी भर पेट खिलाया था उसे
बिना किसी ना-नुकुर के,
चिड़िया ने कभी नहीं कुतरा था
पेड़ का एक भी फल
बिना उसकी मर्जी के,
पेड़ को भी बड़ा मजा आता था
उसे फल खिलाने में,
चिड़िया उस पेड़ से
अटूट रिश्ता मानती थी अपना
बिल्कुल हिन्दुस्तानी पति-पत्नी जैसा।

चिड़िया को बहुत अजीब लगा उस दिन
जब पहली बार मना कर दिया था पेड़ ने
अपने फलों की ओर चोंच बढ़ाने से उसे,
चिड़िया बेहद उदास और निराश थी
पेड़ की अनिच्छा का कारण समझने में असमर्थ थी वह,
उसके बाद कई बार चिड़िया आयी उस पेड़ की डाल पर
मीठे फल खाने की आस लिए
किन्तु पेड़ की बेरुखी अपनी जगह कायम रही।

हताश चिड़िया धीरे-धीरे
दूसरे पेड़ों के मीठे फलों की ओर
आकर्षित होने लगी थी
चिड़िया अब बेमन से ही सही
बिना कुछ सोचे-विचारे
कुतरने लगी थी
इस पेड़ से उस पेड़ तक के फल,
विवाहेतर सम्बन्धों जैसा रिश्ता बन चुका था उसका
अपनी मर्जी से फल खिलाने को तैयार खड़े
बगिया के अनेक पेड़ों से।

चिड़िया अब भी जा बैठती है प्राय:
अपने प्रिय पेड़ की डाल पर
उसका दिल पसीजने का इन्तजार करती
लेकिन पेड़ का मन
कुछ ज्यादा ही कठोर हो चला है उसके प्रति
वृक्ष-वृक्षान्तर पर उसका फुदकना देख-देख कर।

मीठे फल खाने की कमी भले न हो
लेकिन उस पेड़ की उपेक्षा से आहत
चिड़िया की बेचैनी और उदासी
दिन पर दिन बढ़ती ही जा रही है,
पेड़ की बेरुखी में भी कोई कमी नहीं हो रही,
वे दोनों अभ्यस्त हो चले लगते हैं
कलह-ग्रस्त दम्पतियों की भाँति
सतत ढोने को तत्पर
अपने बिगड़े सम्बन्धों की लादी।

अविस्मृत अहसास

ऐसा लगता है कि
कुछ नहीं बचा है
मुझमें तुम्हारे लिए
और कुछ भी अवशेष नहीं अब
तुम्हारे पास भी मेरे लिए,
फिर ऐसा क्या बचा है अभी भी
हम दोनों के बीच, जो
भीतर-ही-भीतर आज भी
कचोटता है हम दोनों को।

शायद,
गरमी की इस चिलचिलाती धूप में भी
हमारे मन में अभी भी कहीं अटका है
पिछले सावन में बही पुरवाई के
किसी शीतल झोंके का
लरजता हुआ
कोई अविस्मृत-सा मृदुल अहसास।

फेसबुक की भित्तियों पर

फेसबुक के मेरे भित्ति-पटल पर
सुबह-सुबह टाँग दिया है
मेरा नाम टैग करके
किसी मित्र ने
अपना एक पुराना चित्र,
देखते ही जिसे
संचरित हो उठा मेरा मन
उन्हीं अदृश्य तरंगों के हिंडोले पर बैठ कर
जो लाई थीं इस चित्र को
उस मित्र के स्मृति-कोश से सहसा निकाल कर
मेरे इस भित्ति-पटल तक
दूर अन्तरिक्ष में परिक्रमा कर रहे
किसी सन्देशवाही उपग्रह के माध्यम से।

अन्तरिक्ष की इस लम्बी यात्रा में
चुपके से समेट लेता है मेरा मन
चाँद का विविधतापूर्ण सौन्दर्य
सूर्य की शाश्वत ऊर्जस्वलता
और भी न जाने क्या-क्या कल्पनातीत
इस सौर-मंडल के पार से भी
मात्र कुछ नैनो-सेकेंडों में ही
फिर से पहुँचने को आतुर हो वहाँ
उस मित्र के स्मृति-कोश को

इस सबसे अभिसिंचित करने
उस पुराने चित्र की टैगिंग के उद्गारों के वशीभूत हो कर।

फ़ेसबुक की इन भित्तियों पर
जो कुछ भी साझा करता है कोई मित्र
वह बस हम दो मित्रों तक ही सीमित नहीं रहता,
वह तो प्रसारित और निनादित होता है
दिग्दिगान्तर में
समूचे ब्रह्मांड में
चमकते सूरज–चाँद–तारों की तरह
अपने चाहने वालों की
पूरी ज़मात को साक्षी बना कर,
जैसे उस मित्र का यह पुराना फोटो टँगा है
आज सारे के सारे मित्रों के सामने
मेरे भी नाम को अपने गले में लटकाए हुए।

यह कैसा बसन्त आया

यह कैसा बसन्त आया?

कोपलों पर तेज़ाब छिड़कता
फूलों को मसलता-कुचलता
पंखुड़ियों को नोच-नोच कर फेंकता
पराग में चिताओं की राख घोलता
निसर्ग में अन्त्येष्टि की दुर्गन्ध उड़ेलता
हमारे देश के युवाओं के पुंसत्व की
संस्कार-शून्यता का प्रमाण-पत्र लिखता
यह कैसा बसन्त आया?

कौमार्य का निर्द्वन्द्व अपहरण करता
सौन्दर्य को लहू-लुहान करता
यौवन को क्षत-विक्षत बनाता
बलात्कार की विकृतियों के
नये-नये प्रतिमान गढ़ता
यौन-पिपासा की वीभत्सता से
रस-राज का नित्य स्वागत करता
यह कैसा बसन्त आया?

गधा कभी रोता नहीं

गधा कभी जीवन में वैसे तो रोता नहीं,
लेकिन कभी-कभी गधे का भी रोना होता है...

गधा बेचारा बड़े-बड़े बोझे सदा ढोता है,
थका-हारा धूप में भी खड़े-खड़े सोता है,
खाली पीठ होने पर भी गधा कभी हँसता नहीं,
सोच-सोच आगे की ही चिन्ता में खोता है,
कुछ भी उपाय करे फिर भी आखिर में,
गधा तो गधा ही है यही सिद्ध होता है...

लात पड़े, डाँट पड़े, संयम नहीं खोता है,
पूँछ ऐंठ डंडे लगें, क्षुब्ध नहीं होता है,
गिनी पिग-सा सहे सदा यातना प्रयोगों की,
स्वामी के आगे-पीछे, साथ सदा रहता है,
लादी संग लाद लेता आलसी मनुष्य को भी,
झाड़ कर दुलत्ती कभी क्रुद्ध नहीं होता है...

गधों को इस दुनिया में कभी कोई ढोता नहीं,
गधों का तो कहीं कोई यूनियन भी होता नहीं,
पुश्तैनी नैराश्य भरे गधों के कोमल मन में,
छोटा-सा भी क्रान्ति-बीज कभी कोई बोता नहीं,
कान उमेठे जाने पर भी करता बस ढेंचू-ढेंचू,
गधा कुछ भी पाता नहीं, खोता ही खोता है...

गधा कभी जीवन में वैसे तो रोता नहीं,
लेकिन कभी-कभी गधे का भी रोना होता है...

आ ही गये श्याम घन

आ ही गये, आखिरकार
जेठ में तप कर झुलसती देह पर
जल की शीतल फुहारें दँवारने
समुद्री क्षितिज से लपकते श्याम घन।

धुल ही गये, आखिरकार
धूल-धूसरित पेड़ों के तन
खिल उठे फिर से सब के मन
सोंधी मिट्टी की आर्द्रता से सनी
खुशबुओं के झोकों में।

आ ही गये, आखिरकार
कारे-कारे कजरारे
प्यारे-प्यारे मेघ सारे
विविध वेश धारे।

आ ही गये, आखिरकार
नारियल-तरु-शिखाओं पर
घुमड़-घुमड़ हहराते
झमाझम नीर बरसाते
धरती का ताप मिटाते
नदियों का सीना नहलाते
मछुआरों के मन में भय उपजाते

खेतों में उल्लास जगाते
मिट्टी में दबे शुष्क बीजों में जीवन पनपाते
सृष्टि के कोने-कोने में
हरीतिमा का रास रचाते
जगत्पोषक श्याम घन
प्रणय-सुख के धाम घन।

सूखे में बादल

सूखे में बादल आये तो
लगा कि जैसे
बरसों पहले बिछुड़ गया सा
कोई पाहुन घर आया हो
सौगातों की झोली टाँगे,
लगा पसीने की चिप-चिप को
धो देगी अब नयी तरलता
किन्तु बड़ा अफसोस कि बादल
बिन बरसे ही गुजरे सिर से
उनकी झोली खाली ही थी
मेरे सपने हुए पराए
ऐसे ये बादल क्यों आये?

कितने जतन किये थे मैंने
सूखे में बादल लाने के
अनुष्ठान, व्रत, यज्ञ, चिरौरी
नग्न स्त्रियों ने हल जोते
पीतमुखी वह पौध धान की
दरकी छाती लिये खेत वह
कुम्हलाया-सा मुँह किसान का
रहा ताकता आसमान को
जाने कब से तप करता-सा
प्राण निकलना ही बाकी है

निष्ठुर बड़ी देर से आये
वह भी झूठी आस बँधाए,

अब तो यही चाल है सबकी
कोरे आश्वासन देते सब
उम्मीदें सब हैं लघुजीवी
सूख रहे धरती के सोते
रीत रहा अन्तर्जल-संचय
बीत गये धीरज वाले दिन
तन शीतलता का भूखा है
अब तो मन में भी सूखा है
जोर-शोर से आये लेकिन
चले गये तेजी से ऐसे
जैसे कभी नहीं थे आये,

भ्रम का इतना जाल बिछाये
बादल आये तो क्या आये?

अजूबा रंग-मंच

बड़ा अजूबा रंग-मंच है,
बदला-बदला सबका वेश।

कोई धरे मुखौटा चोखा
देता हर दर्शक को धोखा
कोई लम्बे बाल सँवारे
कोई है मुँडवाए केश॥

कोई बोले रटी-रटाई
कोई कहे ज़िगर की खाई
कोई दुमुही जैसा बोले
कोई बोले केवल श्लेष॥

कोई डुबो-डुबो कर खाए
कोई झूठी आस बँधाए
कोई भर घड़ियाली आँसू
हमदर्दी से आए पेश॥

कोई दौलत पर इतराए
कोई सत्ता पा बौराए
कोई सब्ज़बाग दिखलाता
बेंचे लेता सारा देश॥

बड़ी अजीब कहानी है

बड़ी अजीब कहानी है।
सिर के ऊपर पानी है॥

दिन भर मन्दिर, कंठी, माला,
रात में मदिरा जॉनी है॥

बाहर सत्य, अहिंसा, गाँधी,
अन्दर उलटी बानी है॥

जलन-फ़रेब भरा रग़-रग़ में,
मिटा आँख का पानी है॥

धोखे पर आकाश टँगा है,
ढहता छप्पर-छानी है॥

देश-विदेश बैंक के खाते,
किन्तु दिवालिया रानी है॥

समरथ को कुछ दोष नहीं है,
दुर्बल की पिट जानी है॥

प्रेमी कै जातना

सुरज बैठे रोजु बाढ़ै
जियरा माँ धुकधुकी,
तनिकु-तनिकु अँधेरु फैलै,
हिरदय माँ हुलास जागै,
अँधेरिया पाख माँ औरउ ज्यादा,
गाँव के गोइंड़हरे पर
बेरवन के झुरमुट माँ
काली-काली छाँही माँ द्याह ढाँकि
बैठि रोजु राह ताकै
गाँव का चित-चोर बाँका।

साँवरी सँवरि निकरै
धीरे-धीरे देहरी ते
लोटिया दाबि हाथे माँ,
रस्ता माँ लपकि लेय
मिलै का मनमोहना ते,
लिपटि जाए,
सिमटि जाए,
जैसे ब्लैक होल माँ
ब्रह्मांड सबै मिटि जाए,
पुरवा कै झकोर झूमै,
नाचै मन-मोर लागै,
साँसन कै डोर भागै,

करेजेन माँ प्यास जागै,
ना बुझाय, कबहूँ ना बुझाए,
केतनौ मिलैं पर ना बुझाए।

अन्धकार मिलवावै,
उजियारा बिलगावै,
समय कै चिरैया उड़ै
उम्मीदन के पंख धारि,
मन के क्षितिज माँ वह
रोजु खूब रसु घ्वारै,
प्रेम-धनु सतरंग ब्वारै,
धरती-अकासु ज्वारै,
यही तना जमै रोजु
सुखु-दुखु कै खट-मिट्ठी जुगुलबन्दी।

याक दिन फिरि आही गवै
वोहू घरी,
साँवरी सजि डोली चढ़ी,
नैहर कै पीर पगी,
रोवति बेजार चली,
सहसा मुसकाय उठी,
आँखीं जब चारि मिलीं,
गाँव के किनारे खड़े
प्रेमी का निहारै लागि
रोकि अपने अँसुवन का,
फिरि एकदमै सकुचाय गवै,
देखि कै घर वालेन का
बहुतै शरमाय गवै,
आँखिन माँ आँखी डारे
विदा होइगै राति कै रानी,

अँखियाँ होइ गयीं पानी-पानी,
लैगे कहार
कहूँ नदिया के पार,
सूनु भा प्रेमी का संसार,
खाय वहु बनि चकोर अंगार,
बैठिकै नित बेरवन कै छाँव,
भेदु तनिकौ ना जानै गाँव,
भरे निज आँखिन माँ अँधेरु,
लादि मन दुक्खन का सुमेरु,
सुरज बैठे बाढ़ै लागै प्रेमी कै जातना।

जमीन हमरी लै लेउ

लै लेउ!
अब जमीन हमरी लै लेउ!

खेतु लेउ!
खलिहानु लेउ!
ऊसरु लेउ!
उपजाऊ लेउ!
जौनि चाहौ तौनि लेउ!
पुरिखन कै थाती लेउ!
बुझे दिया कै बाती लेउ!
प्रानन ते पियारी लेउ!
अँसुवन कै कियारी लेउ!
लै लेउ! सरकार अब लै ही लेउ!

कर्जु सहा जाति नहीं,
बीजु बोवा जाति नहीं,
आत्महत्याकारी भूमि लै ही लेउ!
जौनु भाव चाहौ हमैं तौनु देउ!
कौनौ औरु जियै का सहारा देउ!
सूखि गयीं ईंटन माँ गारा देउ!

दवा देउ!
दारू देउ!
गाड़ी याक मारू देउ!

इज्जत देउ,
पहिचान देउ!
नौकरी देउ!
अरमान देउ!
माटी कै मड़ैया अब
लरिकनौ का ना चाही,
सूखि गये बेरवन माँ
कहाँ कौनिउ छाँह बाकी,
हमैं तो अब उड़ै का अकासु चाही,
हमैं तो अब बूड़ै का पतालु चाही,
चुल्लू भरि पानी माँ अब डूबि मरै का मनु नाही!

सेज़ के नाम पै लै लेउ!
पॉवर प्लांट के नाम पै लै लेउ!
मल्टीनेशनल कै खातिर लै लेउ!
एक्सप्रेस हाइवे कै खातिर लै लेउ!
लैंड बैंक के खाता माँ लै लेउ!
जौने नाम ते चाहौ लै लेउ!

लै लेउ! यह धरती लेउ!
फसलन कै अरथी लेउ!
सगरी ठकुरसुहाती लेउ!
फारि कै हमरी छाती लेउ!
काँधेन ते हरु खींचि-खींचि,
पसीना ते ख्यात सींचि-सींचि,
बीति गवै उमिरि सारी,
मिटी ना कबहूँ उधारी,
अब तो है हिम्मत हारी,
लै लेउ यह जमीन सारी,
हम ते अब किसानी कै पहिचान सारी लै लेउ!

उनका हालु न पूछौ भैया

उनका हालु न पूछौ भैया,

उइ पैदा तौ भे रहैं हिंयै
गाँवें कै कौनिउ सौरि माँ
तेलु-बाती कै उजेरिया माँ
उइ पले-बढ़े रहैं हिंयै
माटी माँ लोटि-पोटि,
भैंसिन का दूधु-माठा
भूड़न के बेर-मकोइया
ओसरिन कै गुल्ली-डंडा
पतौरिन कै लुका-छिपी
अम्बहरी कै लोय-लोय
निम्बहरी का सावन-झूला
अरहरिया कै रासु-लीला
दुपहरिया के ताश-पत्ता
कैसे बिसराय सबै
उइ ब्वालै लागि अँगरेज़ी
उइ बसे नई दुनिया माँ
उइ रोमु-रोमु बदलि गये
बहुतन के भाग्य-विधाता भे
अबु उनका हालु न पूछौ भैया।

उइ कबौ-कबौ आवति हैं
गर्दा ते मुँहु बिचकावति हैं

पत्नी का नकसा औरु बड़ा
अमरीकी फैशनु खूबु चढ़ा
लरिकन का हिन्दिउ ना आवै
अँगरेजिउ उच्चारनु दूसर
उनका स्वदेसु अब ना भावै
उनकै पैदाइस हुँवै केरि
उनका स्वदेसु अमरीकै भा
देवकी माता जस भारत है,
चाहत माँ कौनिउ कमी नहीं
स्कूलु गाँव माँ खोलि दिहिन
लरिका अँगरेज़ी सीखि रहे
कम्प्यूटरु माँ सीडी ब्वालै
उच्चारनु सीखैं अमरीकी
उनकी इच्छा अब याकै है
अमरीका माफ़िक बनै गाँव
लेकिन अंगद का पाँव गाँव
यहु जहाँ रहै, है जमा हुँवै
उइ येहिके लिए बहेतू भे
परदेसी भे, उपदेसी भे,
अबु उनका हालु न पूछौ भैया।

म्वार देसवा हवै आजाद

म्वार देसवा हवै आजाद,
हमार कोउ का करिहै ।

कालेज ते चार-पाँच डिग्री बटोरिबै,
लड़िबै चुनाव, याक कुरसी पकरिबै,
कुरसी पकरि जन-सेवक कहइबै,
पेट्रोल-पंपन के परमिट बटइबै,
खाली गुल्लक करब आबाद ॥

गाँधी रटबु रोजु आँधी मचइबै,
किरिया करबु गाल झूठै बजइबै,
दंगा मचइबै, फसाद रचइबै,
वोटन की बेरिया लासा लगइबै,
फिरि बनि जइबै छाती का दादु,
हमार कोउ का करिहै ॥

संसद माँ बैठि रोजु हल्ला मचइबै,
देसी विदेसी माँ भासनु सुनइबै,
घर माँ कोऊ स्मगलिंग करिहै,
कोऊ डकैतन ते रिश्ता सँवरिहै,
धारि खद्दर बनब नाबाद,
हमार कोउ का करिहै ॥

बहुरी समाजवाद जब हम बोलइबै,
आँखिन माँ धूरि झोंकि दारिद छिपइबै,
भारत उठी जब-जब हम उठइबै,
भारत गिरी जब-जब हम गिरइबै,
कोऊ अभिरी करब मुरदाद,
हमार कोउ का करिहै।

काहे बुझी सोच कै बाती

काहे चेहरा है मुरझावा,
काहे बुझी सोच कै बाती ?

काहे सूखैं ताल-तलैया ?
काहे सूखै नगवा नाला ?
काहे सूखैं आम-निबहरी ?
काहे सूखै भुइंया झाड़ा ?
काहे सूखै बुढ़वा बरगदु ?
काहे तुम धरती का चूसेउ
मोटे-मोटे पाइप डारि कै ?
काहे यहिका हिया सुखायो ?
अब काहे तुम पीटौ छाती ?

काहे चेहरा है मुरझावा,
काहे बुझी सोच कै बाती ?

काहे गायब भईं गौरैया ?
काहे गायब हरहा-गोरू ?
काहे गीध-चील भे गायब ?
काहे गायब जल ते मछरी ?
काहे गायब भईं बटेरैं ?
काके रोवैं मोर-पपीहा ?
काहे सिसकैं कोयल-मैना ?

काहे जहरु भरेउ कन-कन माँ,
फारेउ धरती कै बरसाती ?

काहे चेहरा है मुरझावा,
काहे बुझी सोच कै बाती ?

काहे जोति लेहेउ गलियारा ?
काहे माली बागु उजारा ?
काहे इरखा माँ डूबे सब
काहे म्याड़ैं खायँ ख्यात का ?
काहे ग्वाबरु-कंडा गायब ?
काहे पांसि नहीं झौआ भरि ?
काहे अन्नु रसायन बोरे ?
काहे होरी के रंग फीके ?
नहीं देवारी हमैं सोहाती।

काहे चेहरा है मुरझावा,
काहे बुझी सोच कै बाती ?

भारत भुइं तुम्है बोलाय रही

भारत भुइं तुम्है बोलाय रही, ना रुकौ ठिठुकि अब बढ़े रहौ ।
झाखरु कटिगा मुलु ठूँठु ऐसि, अब ना ख्यातन मा खड़े रहौ ॥

सोने कै चिड़िया माटी भै, कुछु मति हमारि अस काटी गै,
सत मंजिला कै बसि नींव सुनौ खाली बरुआ ते पाटी गै,
ढहि गयीं मंजिलै अलग न तुम निचली मंजिल मा पड़े रहौ ॥

भुइं मोरि चन्दरमा ऐसि रहै, मुलु राहु-केतु सब गांसि लिहिन,
परदेसी चतुर चिरैयन का चुपके लासा मा फाँसि लिहिन,
अब इधर बढ़ौ या उधर बढ़ौ, ना चौराहे पर खड़े रहौ ॥

तुम्हरे असि जूनन के द्वारा जो मानवता का बोझु बँधा,
वहु छूटि बिथरि गा मुला तबौ जूना अस ऐंठबु तुम्हैं सधा,
चिलवलि की तितुली जैसे तुम ना हवै हवा मा उड़े रहौ ॥

मँगता कुबेर के लरिका भे, हथिनी के पैदा मूसु भवा,
उइ काँटा पाँयन सालि रहे जिनके बेरवा हम खुदै बोवा,
बिनु मढ़े ढोलकिया ना बाजै सो बार-बार तुम मढ़े रहौ ॥

तुम पाँच रहौ अब अनगिनतिन, च्यातौ अब तत्व बिचारि लेव,
अपनत्व छूटि गा दुनिया ते, अब आपन स्वत्व सम्हारि लेव,
तुम गदहा, घोड़ा के संकर, खच्चर पर अब ना चढ़े रहौ ॥

तुम का कुपन्थ कै अमरबेलि हरियर बेरवा असि झुरै दिहिसि,
मेहनति तुम्हारि सब फुरि होइगै, बिसु भरा घाव कोउ दुखै दिहिसि,
अब सजग होउ ना माटी के माधौ बनिकै तुम परे रहौ ॥

□□□

णाणं

पयासयं

वीर नि.स. 2470

ई.सन 1944

भारतीय ज्ञानपीठ